D1525149

En Sus
Manos

Somos Vasos en las Manos del Alfarero

un libro de

David Greco

La misión de Editorial Vida es ser la compañía líder en comunicación cristiana que satisfaga las necesidades de las personas, con recursos cuyo contenido glorifique a Jesucristo y promueva principios bíblicos.

EN SUS MANOS
Edición en español publicada por
Editorial Vida – 2003
Miami, Florida

Edición: *Gisela Sawin*
Diseño interior: *Grupo Nivel Uno Inc.*
Diseño de cubierta: *The Store Company*

ISBN: 978-0-8297-3630-4

Categoria: Iglesia cristiana / Crecimiento

IMPRESO EN ESTADOS UNIDOS DE AMÉRICA
PRINTED IN THE UNITED STATES OF AMERICA

10 11 12 13 ❖ 11 10 9 8 7

CONTENIDO

INTRODUCCIÓN

En estos últimos años de ministerio en las naciones, me he dedicado en especial a la capacitación de creyentes en Cristo Jesús que desean crecer y madurar en su vida espiritual. Constantemente percibo la misma inquietud en aquellos que desean ser más que un simple creyente. En cada uno de ellos surgen las mismas preguntas: «¿Me usará Dios? ¿De qué manera podré serle útil? ¿Qué ministerio tendrá Dios para mí? ¿Cuál es mi lugar en el Reino de Dios? ¿Cuál será mi lugar en la iglesia?».

Una persona es creyente en Cristo simplemente porque creyó en él. La primera invitación de Jesús a los que le escuchaban era:

«Creer en que él era el enviado de Dios, el Hijo de Dios».

Respondió Jesús y les dijo: «Ésta es la obra de

Dios, que creáis en el que él ha enviado» (Juan 6:29).

Pero Jesús hacía una segunda invitación que iba más allá de creer que él era el Hijo de Dios, invitaba a los que ya habían creído en él «a seguirle»:

«Entonces Jesús dijo a sus discípulos: Si alguno quiere venir en pos de mí, niéguese a sí mismo, y tome su cruz, y sígame»
(Mateo 16:24).

Este llamado no era una simple invitación a creer sino a ser un discípulo de Cristo Jesús. Era un llamado mayor, un llamado a aprender de él para llegar a ser como él. Los doce discípulos que siguieron a Cristo durante tres años y medio llegaron a ser instrumentos en las manos de Dios, haciendo obras mayores de las que Cristo había hecho en la tierra.

Todavía hoy Jesús está invitando a todos los creyentes a ser discípulos. Él está llamando a cada hombre y a cada mujer que ha creído en Cristo Jesús a ser un instrumento en sus manos, llamados a ser usados por él para su gloria. Esa es la mayor inquietud que percibo en el corazón de los creyentes de hoy.

Al comenzar este libro ¿puede usted hacer esta oración?:

«*Señor, he creído en ti. Gracias por el perdón de mis pecados. Gracias por la salvación de mi alma. Gracias por el regalo de la vida eterna. Señor Jesús, ahora quiero seguirte, quiero ser un discípulo. Quiero ser un instrumento útil en tus manos. Quiero que me uses para hacer las obras que tú hacías en la tierra. Háblame a través de estas páginas. Ilumina mi mente y dirige mis pasos. Quiero ser un instrumento de honra para la gloria de Dios. AMÉN*».

David Greco

CAPÍTULO 1

BARRO EN MANOS DEL ALFARERO

Para ser un discípulo de Cristo hay que obedecer al llamado del Maestro.

> *«Desde entonces comenzó Jesús a predicar,*
> *y a decir: Arrepentíos, porque el reino*
> *de los cielos se ha acercado.*
> *Andando Jesús junto al mar*
> *de Galilea, vio a dos hermanos,*
> *Simón, llamado Pedro,*
> *y Andrés su hermano, que echaban la*

red en el mar; porque eran pescadores.
Y les dijo: Venid en pos de mí,
y os haré pescadores de hombres»
Mateo 4:17-19.

El mensaje principal de Jesús era anunciar que el Reino de los cielos había llegado. Había llegado la salvación para Israel. Él era el enviado de Dios, el Redentor que salva al hombre del pecado. Esta era una clara invitación a arrepentirse, a cambiar de mentalidad.

Sin embargo, los judíos estaban esperando a un Mesías que los libraría de la opresión del Imperio Romano. Para ellos, esta opresión era el obstáculo que les impedía servir a Dios con libertad. No entendían que eran sus propios pecados los que no les permitían servirle. Por eso, Dios había enviado un libertador que los libertaría de sus pecados.

Pero, para aceptar esto tenían que arrepentirse, cambiar y aceptar el plan de Dios. Muchos no lo hicieron. La mayoría de los que oían a Jesús no cambiaron y siguieron con su religión, esperando a otro Mesías según sus ideas religiosas.

Sin embargo, algunos de los que estaban junto al Mar de Galilea creyeron que Jesús era el Redentor, el enviado y ungido de Dios para la salvación de sus pecados. Por ejemplo Simón y Andrés, dos hermanos pescadores que creyeron en Jesús como el Mesías de Dios.

Un día, Jesús los visitó en su lugar de trabajo; eran pescadores en el Mar de Galilea. A la orilla del mar Jesús les extendió una invitación especial, les propuso ser sus discípulos, estudiantes del Maestro para llegar a ser pescadores de hombres. Simón y Andrés, junto a otros diez hombres obedecieron al llamado del Maestro y se enrolaron en la escuela de discipulado de Cristo Jesús.

Durante tres años y medio, desde ese día en la orilla del Mar de Galilea hasta el último momento de la vida de Jesús, estos hombres fueron formados por el Maestro para ser instrumentos poderosos que llevaron el mensaje del evangelio a las naciones de la tierra. Ellos anunciaron el mensaje de salvación, y milagros y señales prodigiosas se manifestaron en todos los lugares que pisaban.

Al igual que Jesús, ellos predicaron el evangelio del Reino de Dios, sanaron a los enfermos, liberaron a los oprimidos por Satanás y resucitaron muertos. Pero estos simples pescadores hicieron mucho más. Estos discípulos de Cristo conquistaron ciudades y naciones para el Reino de Dios.

Un instrumento musical solo produce melodías cuando el músico lo ejecuta. Por más bueno y costoso que sea el instrumento, no deleita con sus sonidos por sí mismo. Se necesita un músico que lo interprete. El Espíritu Santo es el que conoce la sinfonía de Dios. El Espíritu Santo es el enviado de Dios para ejecutar un concierto celestial en la tierra.

Dios quiere que la melodía de las buenas nuevas de salvación sea oída por todos los hombres, pero el Espíritu Santo no puede interpretarla sin instrumentos. Como un experto concertista, el Espíritu Santo busca instrumentos que se entreguen en sus preciosas y delicadas manos para producir la dulce canción del perdón, de la gracia de Dios y de un futuro eterno en los cielos.

EL TRABAJO DEL ALFARERO

Pedro se levanto el día de Pentecostés y predicó un poderoso mensaje que convenció a todos los que oyeron sus palabras. Ese día, tres mil judíos se arrepintieron y aceptaron a Jesucristo como su Mesías y Señor. Pedro fue un efectivo instrumento en las manos del Espíritu Santo. ¿Cómo llegó Pedro a ser un hombre de poder y convicción? ¿Cómo fue Pedro trasformado de ser un débil traidor a un ungido predicador del evangelio?

Tanto Pedro como los otros discípulos atravesaron un proceso de tres años y medio con Jesús. Durante ese tiempo, estos humildes pescadores fueron preparados para ser testigos de Cristo en la tierra. Estos hombres fueron formados como un alfarero trabaja los vasos en su taller. Todo aquel que haya visitado alguna vez la casa de un alfarero coincidirá conmigo sobre algunas escenas de este artesano frente a su trabajo.

El alfarero trabaja en su rueda dando forma a una vasija que remolina en sus manos. Él está dispuesto a meter las manos en el barro para darle forma. La rueda gira y el artesano acaricia su trabajo con amor. Pero de pronto algo sale mal y la vasija que estaba entre sus manos pierde forma y se desarma. Tal vez había alguna impureza en el barro, pero el alfarero no la pasó por alto sino que formó nuevamente otra vasija.

Esta imagen nos demuestra cómo obra nuestro Señor, continuamente está moldeando a sus discípulos. Toma nuestro material imperfecto y lo convierte en una nueva creación. No permanece distante de su obra, sino que mete sus dedos en ella. Dios es el Maestro Alfarero, y cuando nos sometemos a sus manos, reflejamos su toque creativo.

Las ilustraciones sobre las vasijas son muy utilizadas en la Biblia. En varios libros del Antiguo Testamento como Isaías, Jeremías, Zacarías, y los libros del apóstol Pablo en el Nuevo Testamento, se presentan a los cristianos como vasos.

El apóstol Pablo le escribió a su discípulo Timoteo para enseñarle acerca de las personas que Dios puede formar y usar para sus propósitos. La mejor manera para hacerlo fue por medio de las ilustraciones. De esta manera el mensaje era comprensible para el destinatario, y lo hizo diciéndole:

«Pero en una casa grande, no solamente hay utensilios de oro y de plata, sino también de madera y de barro; y unos son para usos honrosos, y otros para usos viles. Así que, si alguno se limpia de estas cosas, será instrumento para honra, santificado, útil al Señor, y dispuesto para toda buena obra»
(2 Timoteo 2:20-21).

La ilustración que Pablo utilizó para comunicarse con Timoteo realza una realidad de todo tiempo. En una casa grande no solo hay utensilios de oro y de plata. En todos los hogares siempre hay una vajilla especial destinada para momentos importantes, pero también hay utensilios para usos prácticos y diarios de la vida cotidiana.

Aunque en el Templo de Jerusalén había utensilios de oro y de plata, que solamente podían tocar el sacerdote o los levitas porque eran vasos delicados, separados, destinados para un uso específico, también había utensilios que eran de barro y de madera. Pablo enseña que «somos vasos en las manos de Dios», vasos delicados y también vasos para otros usos prácticos.

CREADOR Y FORMADOR

En la antigüedad, el vaso era un elemento trabajado por el alfarero. La palabra «alfarero» significa

Dios tiene el mejor de los sopletes. Él tiene un rayo láser que va directamente al lugar donde usted se siente más fuerte. Usted puede decir: «Señor, me gusta adorarte, estar en tu presencia». Pero después vienen pruebas y el Señor le dice: «Yo te voy a enseñar a ser más adorador aún. Porque esas pruebas te llevarán a mi presencia».

No es correcto pensar que la prueba de Dios es solamente para fortalecerlo en sus debilidades, sino para también fortalecerlo en sus fortalezas. En el punto más fuerte que usted tenga. Pedro le dijo: «Yo no te voy a ofender». La fortaleza de Pedro era la agresividad. El Señor lo probó en su fortaleza, en su agresividad.

Pero el gran interrogante de nuestro corazón es: «Señor, cuando venga el fuego ¿cómo voy a reaccionar? Yo no quiero reaccionar mal, porque de esa manera no seré un vaso escogido. Si reacciono mal terminaré siendo un vaso vil. Señor, quiero ser un vaso de honra, un vaso refinado para tu gloria».

Si el espíritu de Dios ha restaurado y renovado su vida, no se escape de la prueba, porque la sangre coagulada con el barro se endurecerá, y el fuego lo templará.

NO ESCAPE DE LA PRUEBA

El creyente que es renovado no se escapa de las pruebas, por supuesto que no le gustan, no las quiere, pero no se escapa de ellas. Una vez, el pastor Miguel Mena, un hombre que por más de 40 años sirvió a Dios en la misma congregación que fundó, me dijo: «He pasado muchos desiertos en mi vida hasta que llegué a un punto en el que el desierto ya me gustaba. Y no le decía más al Señor: Sácame de este desierto». El desierto nos templa y nos fortalece.

Cierta vez, en Inglaterra, una pareja visitó una pequeña tienda del centro de Londres, donde vendían vajillas antiguas, y entre tantas diferentes lozas hallaron una hermosa taza.

—¿Me permite ver esa taza? —preguntó la señora— ¡Nunca he visto nada tan fino como esto!

En cuanto la tomó en sus manos, escuchó que la tacita comenzó a hablar y le dijo:

—Usted no entiende. Yo no siempre he sido esta taza que usted está sosteniendo. Hace mucho tiempo yo sólo era un montón de barro amorfo. Mi Creador me tomó entre sus manos, me amasó y me amoldó cariñosamente. Llegó un momento en que me desesperé y le grité:

—¡Por favor! ¡Ya déjame en paz! —pero sólo me sonrió y me dijo:

—Aguanta un poco más, todavía no es tiempo. Después me puso en un horno. ¡Nunca había sentido tanto calor! Me pregunté por qué mi Creador querría quemarme, así que toqué la puerta del horno. A través de la ventana del horno pude leer los labios de mi Creador que me decían:

—Aguanta un poco más, todavía no es tiempo.

Finalmente, se abrió la puerta. Mi creador me tomó y me puso en una repisa para que me enfriara.

—¡Así está mucho mejor! —me dije a mí misma—, pero apenas me había refrescado, mi Creador ya me estaba cepillando y pintando. El olor de la pintura era horrible. Sentía que me ahogaba.

—¡Por favor, detente! —le gritaba a mi Creador— pero él sólo movía la cabeza en un gesto negativo y decía:

—Aguanta un poco más, todavía no es tiempo.

Al fin dejó de pintarme, pero esta vez me tomó y me llevó nuevamente a otro horno. No era como el primero sino que era mucho más caliente. ¡Ahora sí estaba segura que me sofocaría! Le rogué y le imploré que me sacara. Grité, lloré, pero mi Creador sólo me miraba diciendo:

—Aguanta un poco más, todavía no es tiempo.

En ese momento me di cuenta que no había esperanza. Nunca lograría sobrevivir a ese horno. Justo cuando estaba a punto de darme por vencida se abrió la puerta y mi Creador me tomó cariñosamente y me puso en una repisa que era mucho más alta que la primera. Allí me dejó un momento para que me refrescara.

Después de una hora de haber salido del segundo horno, me dio un espejo y me dijo:

—Mírate. Esta eres tú.

No podía creerlo. ¡Esa no podía ser yo! ¡Lo que

veía era hermoso! Mi Creador nuevamente me dijo:

—Yo sé que te dolió haber sido amoldada por mis manos, pero si te hubiera dejado como estabas, te hubieras secado. Sé que te causó mucho calor y dolor estar en el primer horno, pero de no haberte puesto allí, seguramente te hubieras estrellado. También sé que los gases de la pintura te provocaron muchas molestias, pero de no haberte pintado, tu vida no tendría color. Y si no te hubiera puesto en ese segundo horno, no hubieras sobrevivido mucho tiempo, porque tu dureza no habría sido la suficiente para que subsistieras. Ahora eres un producto terminado. Eres lo que yo tenía en mente cuando te comencé a formar.

Lo mismo sucede en nuestra vida. Dios sabe qué está haciendo con cada uno de nosotros. Él es el artesano y nosotros el barro con el cual él trabaja. Él nos amolda y nos da forma para que lleguemos a ser una pieza perfecta y podamos cumplir con su voluntad.

VASOS LLENOS DEL ESPÍRITU SANTO

Primero Dios nos hace y después nos forma. A algunos nos hace vasos de honra para saciar la sed del sediento que necesita ministración y consolación. A otros nos llama a ser vasos de misericordia. Pocos son vasos escogidos. Muchos son los vasos en la casa del alfarero, y quisiera destacar la enseñanza de un gran profeta de Dios: Jeremías.

Este gran hombre vivió en el tiempo más difícil, más horrendo de la historia de Israel. Él tuvo que ver idolatría, rebelión, pecado, corrupción. Había una tremenda corrupción religiosa. Los sacerdotes ofrecían sacrificios abominables. Los profetas profetizaban mensajes engañadores. La gente buscaba su propio placer. Todo era un desastre: los reyes, la economía, y las naciones que rodeaban a Israel amenazaban con destruirla.

Entonces Dios le habló a Jeremías y le dijo: «Este pueblo tiene que ir a un cautiverio». Jeremías lloraba porque sabía que Dios estaba cansado de la rebelión de Israel, estaba cansado de la desobediencia de su pueblo, pero en medio de todo ese dolor Dios le dijo: «Levántate y ve a la casa del alfarero, y allí te haré oír mis palabras».

Cuando llegó, el alfarero estaba trabajando sobre una rueda y tenía una vasija de barro. De pronto, la vasija se echó a perder así como Israel y Dios le dijo a Jeremías acerca del alfarero: «Y la vasija de barro que él hacía se echó a perder en su mano; y volvió y la hizo otra vasija, según le pareció mejor hacerla. Entonces vino a mí palabra de Jehová, diciendo: ¿No podré yo hacer de vosotros como este alfarero, oh casa de Israel? dice Jehová. He aquí que como el barro en la mano del alfarero, así sois vosotros en mi mano, oh casa de Israel. En un instante hablaré contra pueblos y contra reinos, para arrancar, y derribar, y destruir» (Jeremías 18:4-7).

Tal vez usted le ha fallado a Dios y cree no ser merecedor de su gracia, pero para Dios nunca es tarde, él quiere hacerlo un vaso de servicio, de testimonio, y quiere llenarlo de agua fresca para que sea un vaso útil para Dios y para otros.

El Alfarero puede hacer de usted una nueva vasija. La mujer samaritana era pecadora, pero Jesús la vio como un vaso de honra, y la llenó de manera tal que trajo a todo su pueblo a los pies del Maestro, pero, ¿sabe cuál es el secreto? Rendirnos en sus manos y quedarnos en la rueda del Alfarero. Solamente allí él puede deshacernos y hacernos de nuevo. Solamente en sus manos hay esperanza de ser hechos a la imagen de Cristo.

Muchos se rinden porque aparentemente no ven los resultados inmediatos del poder de Dios en ellos. Otros quieren crecer espiritualmente en forma acelerada. No se desespere. Quédese en la rueda del Alfarero.

Algunas veces me maravillo por la diferencia en mi manera de reaccionar a diferentes situaciones. Cuando comparo hoy mis reacciones con las de años atrás, llego a la conclusión que Dios solamente lo ha hecho en su rueda de alfarero. No se impaciente con su temperamento, con su manera de ser. Mientras esté en la rueda de Dios, usted está en las manos del que lo formará para que sea un vaso útil.

El Señor está buscando llenar con agua fresca su vaso de honra. El Espíritu de Dios quiere llenar a todos los que claman en la presencia del Señor y simplemente dicen: «Señor, sumérgeme en tu presencia, llena este vaso de honra, lléname Señor».

En la presencia de Dios hay agua sin límite, la virtud del Señor no tiene fin. Cuanto más se rinda a él, mayor será el nivel de su presencia.

DISFRUTE DE OTRAS PUBLICACIONES DE EDITORIAL VIDA

Desde l946, Editorial Vida es fiel amiga del pueblo hispano a través de la mejor literatura evangélica. Editorial Vida publica libros prácticos y de sólidas doctrinas que enriquecen el caudal de conocimiento de sus lectores.

Nuestras Biblias de Estudio poseen características que ayudan al lector a crecer en el conocimiento de las Sagradas Escrituras y a comprenderlas mejor. Vida Nueva es el más completo y actualizado plan de estudio de Escuela Dominical y el mejor recurso educativo en español. Además, nuestra serie de grabaciones de alabanzas y adoración, Vida Music renueva su espíritu y llena su alma de gratitud a Dios.

En las siguientes páginas se describen otras excelentes publicaciones producidas especialmente para usted. Adquiera productos de Editorial Vida en su librería cristiana más cercana.

Una vida con propósito

Rick Warren, reconocido autor de *Una Iglesia con Propósito*, plantea ahora un nuevo reto al creyente que quiere alcanzar una vida victoriosa. La obra enfoca la edificación del individuo como parte integral del proceso formador del cuerpo de Cristo. Cada ser humano tiene algo que le inspira, motiva o impulsa a actuar a través de su existencia. Y eso es lo que usted podrá descubrir cuando lea las páginas de *Una vida con propósito*.

0-8297-3786-3

Liderazgo Audaz

Esta obra capta la experiencia de más de treinta años de ministerio del reconocido pastor Bill Hybels, que plantea la importancia estratégica de los dones espirituales del líder. *Liderazgo Audaz* le ofrece al líder de la iglesia local conceptos valiosos como son: convertir la visión en acción, cómo alcanzar a la comunidad, el líder que da lo mejor de sí, cómo descubrir y desarrollar un estilo de liderazgo propio y mucho más.

0-8297-3767-7

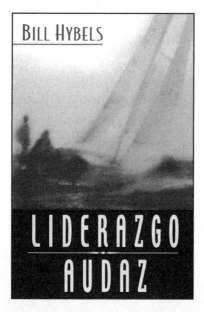

Liderazgo Eficaz

Liderazgo eficaz es la herramienta que todo creyente debe estudiar para enriquecer su función dirigente en el cuerpo de Cristo y en cualquier otra área a la que el Señor lo guíe. Nos muestra también la influencia que ejerce cada persona en su entorno y cómo debemos aprovechar nuestros recursos para influir de manera correcta en las vidas que nos rodean.

0-8297-3626-3

literalmente: «El que da forma, el formador». La Biblia nos cuenta que Dios fue nuestro Alfarero en la creación. Él tomó barro y nos formó, nos diseñó.

El capítulo 1 del libro de Génesis relata la forma en que Dios creó los cielos y la tierra. Pero luego, en el capítulo 2 podemos leer: «Dios formó al hombre», lo formó del polvo que ya había creado. Primero Dios creó y luego formó.

Cuando Dios da salvación al hombre, hace de él una nueva creación, una nueva criatura, pero ahí no termina todo, usted no es simplemente una persona nacida de nuevo sino que, además, tiene vida eterna, es un hijo de Dios.

Este es el principio. Dios nos crea, nos hace nuevas criaturas, y luego quiere formarnos. Ese es exactamente el trabajo del Alfarero: formar.

A lo largo de toda la Biblia Dios nos habla como Formador y Creador. Cuando se refiere a Israel, dice que creó a su pueblo y lo formó: «Ahora, así dice Jehová, Creador tuyo, oh Jacob, y Formador tuyo, oh Israel» (Isaías 43:1).

Jacob, hijo de Isaac, nació bendecido, pero después Dios tuvo que formarlo. Él debió atravesar un proceso de humillación, de trato. El nombre Jacob significa «suplantador, engañador». Ese era el carácter original de Jacob. Aunque fue llamado a ser el bendecido de la familia, heredero de la visión que había recibido su abuelo Abraham y transferido a su padre Isaac, Jacob era un engañador.

Cuando llegó el momento de recibir la bendición de su padre, Jacob lo engaño haciéndole creer que él era su hermano mayor. ¡Qué tonto! Jacob engañó a su padre cuando Dios ya había determinado desde su nacimiento que era el bendecido. Para ser usado por Dios, Jacob debía ser transformado. No podía ser un vaso útil en las manos de Dios con un corazón engañador.

Dios creó a Jacob en el vientre de su madre pero lo formó día a día hasta que produjo un cambio en él. Después de años de formación, Dios le cambio el nombre y también el corazón. De «Jacob, el engañador», Dios formó a «Israel, príncipe de Dios».

De la misma manera, Dios nos crea pero luego comienza en nosotros el proceso de formación. La palabra «formador» es la misma palabra que «alfarero». El alfarero no crea el barro, solamente le da forma y hace de él un vaso.

Entonces Dios nos crea, sopla sobre nuestra vida, nos hace una nueva criatura, un hijo o una hija de Dios, nos da al Espíritu Santo para que habite en nosotros pero después comienza un proceso de formación.

> «Todos los llamados de mi nombre; para gloria mía los he creado, los formé y los hice»
>
> (Isaías 43:7).

VASOS DIFERENTES

El vaso que es formado por el alfarero es un elemento que no sirve únicamente para ser expuesto, sino que cumple una función según lo que contiene, y el lugar donde es colocado.

Cuando Dios salva a un hombre, a una mujer, a un joven, a un anciano, los crea haciendo de ellos una nueva criatura, pero al darles forma los pone en lugares específicos para que cumplan una función determinada. No están allí para que se muestren, para que se expongan, sino para que, según su contenido y el lugar donde estén, sean de honra, sean de valor.

En este libro nos dedicaremos a estudiar los diversos tipos de vasos que Dios enuncia en su Palabra, entre ellos: el vaso de honra, el de misericordia, el de deshonra, el de ira, el vaso limpio, el quebrado y el escogido. Usted podrá ver según el trato de Dios en su vida, cómo él lo ha estado formando para que sea un vaso útil en sus manos.

En estas páginas usted podrá comprender cómo el vaso de honra ocupa un lugar distinto que el vaso de misericordia. Verá cómo el vaso escogido cumple una función distinta al vaso para usos viles. Finalmente entenderá que el vaso limpio y el vaso quebrantado producen diferentes frutos que el vaso de ira.

ESTE PROCESO NO ES PARA ALGUNOS, ES PARA TODOS LOS HIJOS Y LAS HIJAS DE DIOS, SIN EXCEPCIÓN.

Dios no desea que usted sea simplemente salvo. Él anhela que usted sea un vaso que le dé honra frente a un mundo que lo deshonra y lo rechaza. Cada vaso que el alfarero forma deberá pasar por el fuego para luego determinar qué uso tendrá y qué propósito cumplirá.

Repita esta oración conmigo:

«Padre que estás en los cielos, yo sé que me salvaste y me elegiste para ser tu hijo/a. Gracias. Ahora entiendo que este es el comienzo. Padre, ahora comprendo que tienes planes para usarme para tu gloria y honra. Todo lo que está sucediendo en mi vida es parte de la formación para ser un vaso útil en tus manos. Acepto atravesar este proceso para alcanzar el propósito al que fui llamado. AMÉN».

CAPÍTULO 2

VASOS DE HONRA

«Y cuando terminaron, trajeron al rey y a Joiada lo que quedaba del dinero, e hicieron de él utensilios para la casa de Jehová, utensilios para el servicio, morteros, cucharas, vasos de oro y de plata. Y sacrificaban holocaustos continuamente en la casa de Jehová todos los días de Joiada»
2 Crónicas 24:14

Uno de los vasos más comunes de ver en Israel era el vaso de honra. Este vaso contenía aproximadamente cinco galones de agua, y se colocaba todos los días a la entrada de la casa. El vaso de honra siempre debía estar lleno de agua fresca y se apoyaba en un banco de madera, bajito, que tenía un agujero donde se colocaba la vasija de honra. Al mismo tiempo estaba rodeado de agujeros más pequeños, donde se ponían tazas.

Todas las amas de casa colocaban estos vasos de honra al costado de la puerta principal de su hogar. Cuando los diferentes miembros de la familia llegaban, generalmente se detenían en la puerta para tomar un vaso de agua fresca sacado del vaso de honra. Cuando llegaban invitados, era absolutamente necesario ofrecerles un vaso de agua fresca en la misma entrada del hogar donde siempre estaba colocado el vaso de honra.

El vaso de honra que Dios forma tiene dos propósitos: es para servir y para ofrendar. Es para servir a otros y para ofrendar sacrificio a Dios. Este vaso era el más usado, y por eso tenia que ser fuerte y resistente. Era un vaso práctico y debía ser fácilmente levantado por sus dos manijas.

Así nos forma el Señor, vasos para usos útiles. Pero no es suficiente ser un vaso. Este era un vaso de honra porque estaba lleno de agua fresca. No alcanza con ser un ayudador, un cooperador, un obrero. La persona que es formada y colocada en el lugar de los vasos de honra es aquella que posee en su vida agua espiritual fresca, que sacia la sed de los que la buscan, de los sedientos espirituales.

Cada persona que entraba diariamente por la puerta de la casa, agobiada por el calor del día, podía beber un vaso de agua fresca. Los visitantes sabían que detrás de la puerta debía haber un vaso de honra lleno de agua fresca que saciaría su sed. Los miembros de la familia como los visitantes, serían honrados con un vaso de agua fresca. Este era un vaso de servicio. A nadie se le podía negar un trago de agua fresca.

¿Quién es el vaso de honra en la casa de Dios?

El vaso de honra no es el que simplemente sirve, el que trabaja, el que cumple con distintas funciones y responsabilidades. El vaso de honra es el vaso que está lleno de agua fresca porque se renueva diariamente. No contiene agua estancada sino renovada. El contenido de estos vasos se renueva día tras día en la presencia de Dios.

Jesús mismo se vio como un vaso de honra. Él gritó en medio de la fiesta en el templo: «Si alguno tiene sed, venga a mí y beba, y el que cree en mí como dice la Escritura, de su interior correrán ríos de agua viva»

El último día de la fiesta se utilizaban los vasos de honra llenos de agua para limpiar todo el piso, la explanada y la plataforma central del Templo porque estaba llena de polvo debido a que había pasado por allí mucha gente. Durante varios días de celebración y sacrificio de animales, el lugar estaba lleno de sangre, de plumas. Esta fiesta duraba siete días y miles de personas venían de todas partes de Israel y hasta de todo el mundo para celebrar.

Al finalizar el festejo, los levitas tomaban cientos de vasos de honra, los llenaban de agua del manantial que estaba debajo del Templo y los derramaban sobre el piso del patio. El agua corría como un río y limpiaba la suciedad. Se decía que en algunas oportunidades, cuando el agua empezaba a fluir, llegaba hasta los tobillos de la gente. En el momento en que los levitas estaban usando los vasos de honra para limpiar el piso, Jesús se paró y gritando dijo: «Si alguno tiene sed, venga a mí y beba. Porque yo soy un vaso de honra».

Un vaso de honra es un hombre o una mujer que está lleno de agua fresca, lleno de la presencia del Espíritu Santo, no solamente para sí sino para todos aquellos que tienen sed. Cuando el vaso se vacía puede ser llenado nuevamente, porque sabe dónde hallar el manantial del Espíritu Santo. El vaso de honra es aquel hombre que sabe cómo y dónde hallar agua fresca para llenarse de nuevo. Un vaso de honra es aquel hombre que vive sirviendo a otros al darles agua fresca.

EL VASO DE LA SAMARITANA

Jesucristo iba caminando y al llegar a Samaria se sentó junto a un pozo. Para sacar agua de esa profundidad hace falta un vaso, pero él no lo tenía. Entonces se acercó una mujer samaritana y la Biblia nos cuenta que ocurrió esto:

> «Vino, pues, a una ciudad de Samaria llamada Sicar, junto a la heredad que Jacob dio a su hijo José. Y estaba allí el pozo de Jacob. Entonces Jesús, cansado del camino, se sentó así junto al pozo. Era como la hora sexta. Vino una mujer de Samaria a sacar agua; y Jesús le dijo: Dame de beber»
>
> (Juan 4:5-7).

¿Por qué Jesús le pidió a esta mujer que le diera de beber? Porque vio que ella tenía un vaso en su mano. La mujer samaritana llevaba un vaso de honra que diariamente debía llenar en el pozo de Jacob. Las mujeres de aquel tiempo iban todos los días al pozo con su vaso de honra para sacar agua fresca porque debían colocarlo en la puerta de sus casas.

La mujer reaccionó rápidamente al darse cuenta que Jesús era un rabino judío, y su respuesta fue:

«¿Cómo tú, siendo judío, me pides a mí de beber, que soy mujer samaritana? Porque judíos y samaritanos no se tratan entre sí»
(Juan 4:9).

Jesús miró a la mujer samaritana y le respondió:

«Si conocieras el don de Dios, y quién es el que te dice: Dame de beber; tú le pedirías, y él te daría agua viva».
(Juan 4:10).

Jesús le declaró a esta mujer que él era un pozo de agua de donde ella podía sacar agua para beber. Ella podía ser un vaso de honra lleno de esa agua que solamente Jesús podía servir. Jesús le intenta explicar: «Tú eres un vaso de honra que necesita agua fresca, agua viva».

La samaritana comenzó a entender las palabras de Jesús. Cuando oyó acerca de «agua viva» reaccionó. Las aguas vivas son las más frescas, las más puras porque vienen directamente del manantial, no son aguas estancadas, sin embargo, la mujer sabía que las mejores aguas estaban en la profundidad del pozo, cerca del manantial que corría en las profundidades de la tierra. Entonces la samaritana le dijo:

«Señor, no tienes con qué sacarla, y el pozo es hondo. ¿De dónde, pues, tienes el agua viva?»

Las aguas vivas están en las profundidades, en los lugares hondos. Cuando se excava un pozo y se llega a la profundidad de las corrientes subterráneas, allí fluye el agua viva, el agua pura, pero el agua viva no se saca con vasos humanos sino con vasos de honra. Son vasos de hombres y mujeres que no se conforman con tradiciones y doctrinas del pasado sino que excavan hasta encontrar una vivencia, una realidad espiritual en la presencia de Jesús.

La mujer continuó diciendo:

«¿Acaso eres tú mayor que nuestro padre Jacob, que nos dio este pozo, del cual bebieron él, sus hijos y sus ganados?»

La samaritana era una mujer religiosa, una devota de las tradiciones de sus antepasados. Ella tuvo la posibilidad de ser un vaso de honra pero su vida estaba llena de aguas religiosas, aguas tradicionales. Jesús denominó a estas aguas tradicionales de la siguiente manera:

«Cualquiera que bebiere de esta agua, volverá a tener sed; mas el que bebiere del agua que yo le daré, no tendrá sed jamás; sino que el agua que yo le daré será en él una fuente de agua que salte para vida eterna»
(Juan 4:13-14).

El agua que Jesús da para llenar los vasos de honra es un agua que salta, un agua que continuamente se renueva porque viene directamente de la fuente genuina. Esta es el agua que Jesús da para los vasos de honra que son colocados en la entrada de la casa de Dios, para que todos aquellos que tengan sed de Dios encuentren agua que salta para vida eterna.

¿CÓMO SE RECIBE ESTA AGUA?

La mujer samaritana tomó el primer paso y dijo:

«Señor, dame esa agua, para que no tenga yo sed, ni venga aquí a sacarla».

La samaritana reconoció que aunque sus tradiciones venían de Jacob, el padre de su pueblo, no era suficiente. Ella pidió ser llena de esa agua viva que salta para vida eterna. Pero todavía necesitaba acceder a un segundo paso.

«Jesús le dijo: Ve, llama a tu marido, y ven acá. Respondió la mujer y dijo: No tengo marido. Jesús le dijo: Bien has dicho: No tengo marido; porque cinco maridos has tenido, y el que ahora tienes no es tu marido; esto has dicho con verdad. Le dijo la mujer: Señor, me parece que tú eres profeta»
(Juan 4:16-19).

La mujer era un vaso de honra que estaba lleno de aguas de tradición religiosa y de impurezas morales. Antes de ser llena con esa agua viva necesitaba confesar sus pecados. Necesitaba confesar que no tenía marido, que aunque era una mujer adulta con varias relaciones amorosas, que debía estar casada, no tenía esposo. Al ser enfrentada con su pecado, confesó que Jesús era profeta, uno que hablaba de parte de Dios.

Los vasos de honra no solamente son cristianos que quieren servir y ser llenos de agua renovada. Los vasos de honra son personas que diariamente se exponen a la obra purificadora del Espíritu Santo para la limpieza de su corazón de todo pecado y de toda inmundicia. Los vasos de honra contienen agua pura, no agua contaminada.

«Nuestros padres adoraron en este monte, y vosotros decís que en Jerusalén es el lugar donde se debe adorar»
(Juan 4:20).

Jesús vio que esta mujer estaba lista para ser llena de agua viva, pero todavía faltaba lo más importante...

¿DÓNDE SE RECIBE EL AGUA FRESCA?

La samaritana confesó que sus antepasados habían adorado a Dios por generaciones en el Monte de Samaria y que los judíos desde el principio habían adorado según el mandamiento bíblico en el Monte de Sión. Ella confesó que para recibir agua viva había que adorar a Dios en el lugar correcto. La samaritana estaba entendiendo el mensaje de Jesús minuto tras minuto. ¡Qué tremenda revelación!

Esta agua se recibe en el lugar de adoración, pero aquí la samaritana se encontró con su último escollo. ¿Cuál era el lugar correcto de adoración para recibir esta agua viva? ¿Dónde estaba el manantial de la presencia de Dios? ¿en el templo de Samaria o en el de Jerusalén?

Pero Jesús dijo dónde se encontraba el agua viva:

«Mujer, créeme, que la hora viene cuando ni en este monte ni en Jerusalén adoraréis al Padre. Mas la hora viene, y ahora es, cuando los verdaderos adoradores adorarán al Padre en espíritu y en verdad; porque también el Padre tales adoradores busca que le adoren. Dios es Espíritu; y los que le adoran, en espíritu y en verdad es necesario que adoren»
(Juan 4:21-23).

El agua viva se encuentra en el altar de adoración al Padre. Allí no se adora según las tradiciones religiosas, las costumbres tradicionales, aunque sean buenas. En este altar se adora al Padre en espíritu y en verdad. Este altar no se encuentra en un lugar específico, es un altar espiritual y puede estar en cualquier lugar: en el trabajo, en las actividades cotidianas, aun en medio de las ocupaciones diarias. Esta adoración no se conduce siguiendo estilos prescritos sino que se dirige al Padre que es Espíritu. Al Padre no se le adora con palabras humanas, con sonidos humanos por más hermosos que sean, se le adora desde un corazón que ha sido lleno de las verdades de la Palabra de Dios. Alguien una vez me dijo: «David, la verdadera comunión con el Padre no se demuestra por cuántas horas al día estás en oración, la verdadera comunión con el Padre se demuestra por la comodidad que sientes en su presencia». Esa es adoración en espíritu y en verdad, una adoración espiritual y genuina. Lo contrario de una adoración espiritual y genuina es una adoración religiosa, esforzada y rutinaria.

Los vasos de honra, llenos de agua fresca son personas que están llenas porque son adoradores en espíritu y en verdad. Son adoradores que se sienten cómodos en la presencia del Padre, porque se sienten seguros de que son hijos e hijas de Dios. Entonces pueden ministrar agua fresca a los sedientos.

Jesucristo llenó a esta mujer de agua de vida eterna. Ella, un vaso de honra, fue llena de vida eterna y pudo regresar a su pueblo con la unción que había recibido del Mesías, el manantial de agua de vida eterna.

> «Entonces la mujer dejó su cántaro, y fue a la ciudad, y dijo a los hombres: Venid, ved a un hombre que me ha dicho todo cuanto he hecho. ¿No será éste el Cristo?
> Entonces salieron de la ciudad, y vinieron a él. Muchos de los samaritanos de aquella ciudad creyeron en él por la palabra de la mujer, que daba testimonio diciendo: Me dijo todo lo que he hecho»
> (Juan 4:28-30, 39).

Los samaritanos vinieron a Jesús y en aquel día lo aceptaron como el Mesías que había sido prometido en las profecías. Esto sucedió por una mujer que fue llena de agua fresca. Cuando ella regresó al pueblo, derramó el agua fresca del Espíritu Santo que había recibido de Jesús en esos hombres que la escuchaban. En unos pocos minutos de enseñanza la mujer fue transformada, Jesucristo la formó e hizo de ella un vaso de honra.

ÉL MOLDEA NUESTRA VIDA

Jesucristo quiere formarnos y hacer de nosotros vasos de honra, y así ser llenos de su presencia, de agua fresca. Hay muchas personas a las que Jesús ha formado como vasos de honra, pero no tienen agua viva, no tienen nada fresco en su interior.

Si en su vida hay agua estancada desde hace algunos años o desde algunos meses, no podrá saciar la sed de quienes se le acercan. Esto sucede porque no es un vaso de honra sino un vaso vacío con la forma de vaso de honra. Por lo tanto no cumple con el propósito para el que fue creado. Al no tener diariamente una relación con el Padre Celestial a través del Espíritu Santo, el agua que hay en nuestro interior se estanca. Su presencia es la que llena los vasos y refresca, y al refrescarnos nos envía a otras personas, amigos, familiares, compañeros de trabajo que tienen sed, para darles de beber agua fresca que viene de la presencia del Padre.

Durante un tiempo en mi vida, tenía palabra de Dios, la verdad de Dios. Predicaba el mensaje, pero no tenía nada para dar, nada que impartir. Era un vaso pero no tenía agua fresca. Repetía el mensaje que otros habían predicado, y cuando terminaba me iba porque ya había finalizado con mi trabajo. Hoy es diferente, ahora entiendo lo que es recibir palabras y verdades del corazón del Padre que no las encuentro en libros o en comentarios. Esta palabra, esta agua, proviene de momentos en que el Padre a través del Espíritu Santo me imparte verdades e ilumina su Palabra. Cuando finalizo la prédica siento que no prediqué un sermón sino que declaré lo que el Padre me impartió en momentos de comunión. De nada vale ser vasos de honra, colocados en la entrada de la casa de Dios, si no estamos llenos hasta desbordar del agua fresca del Espíritu Santo.

Si siente que Dios lo ha inquietado a buscar más de él porque ha sentido la necesidad de recibir algo fresco de su presencia, el Espíritu lo está preparando para ser un vaso de honra.

Si no está satisfecho con las actividades cristianas en el servicio de su iglesia y desea más porque siente un profundo deseo de ministrar a otros, el Espíritu lo está preparando para ser un vaso de honra.

Si siente una atracción a la adoración y posiblemente se ve redargüido por sus tantas ocupaciones en la iglesia, y desea desarrollar una vida de adoración y comunión con el Señor, el Espíritu Santo lo está preparando para ser un vaso de honra. Su vida se llenará de la presencia y del amor del Padre y luego le dará de beber del agua fresca que solamente puede tener un adorador en espíritu y en verdad.

CAPÍTULO 3

VASOS DE
MISERICORDIA

«Y para hacer notorias las riquezas de su gloria, las mostró para con los vasos de misericordia que él preparó de antemano para gloria».

Romanos 9:23

El vaso de misericordia era otro de los vasos que se utilizaban en ese tiempo. La forma externa de este vaso era igual al de honra. Cumplía con la misma función que el otro, siempre debía estar lleno de agua fresca para ser de bendición a los sedientos, pero la diferencia radicaba en el lugar donde se colocaba.

El vaso de honra se hallaba a la entrada de la casa y el vaso de misericordia era llevado a las plazas, a los mercados y hasta en las salidas y entradas de los pueblos y ciudades, con el propósito de ofrecer agua a los viajeros que pasaban por el camino y no tenían un vaso para sacar agua del pozo del lugar. En algunos pueblos se podían encontrar vasos de misericordia colocados junto al camino para beber un trago de agua fresca.

EL VASO DEL TESTIMONIO

El vaso de misericordia representa a un cristiano que proyecta un testimonio público, no simplemente con palabras, un relato o un recuento de lo que Dios ha hecho en su vida, este testimonio fluye de la vida, del carácter de estos hombres y mujeres. Estas son personas que han atravesado por situaciones difíciles, situaciones que han sido de conocimiento público. De estas vidas, de estos vasos de misericordia fluye agua de experiencias que no se proyecta con un testimonio. Los vasos de misericordia reflejan la fidelidad y el poder sostenedor de Dios en sus vidas cuando sonríen, cuando trabajan, cuando caminan por las calles, cuando conversan con sus amigos, cuando viven su vida diaria.

Posiblemente, Dios ha permitido que usted se encuentre en un lugar difícil, en un trabajo difícil, rodeado de gente desconocida, y se pregunte: «Señor, ¿por qué has permitido que yo atraviese esta situación?». «Señor, ¿por qué he pasado por momentos de soledad, de enfermedad, de pobreza y de debilidad?». «Señor, ¿por qué he tenido que atravesar por estas situaciones difíciles frente a mi familia inconversa, a mis amistades que no te creen, hasta se burlan de ti porque me han visto en necesidades y en crisis?» «Señor, ¿por qué me está ocurriendo esto? ¿No soy tu hijo, tu hija?» «Señor, ¡estoy pasando vergüenza!».

Según la tradición oriental, los vasos de misericordia en las plazas, en el mercado, en los caminos, eran el testimonio público de la misericordia de Dios.

Aunque usted crea que se encuentra en una situación difícil, en un lugar difícil, rodeado de gente mala, el Señor le está diciendo: «Te he puesto en la plaza pública para que cuando alguien te mire a los ojos o te oiga hablar, pueda recibir un vaso de agua fresca que refleje la misericordia de Dios». Los vasos de misericordia son colocados en lugares públicos porque Dios quiere mostrar su bondad y misericordia en la vida de estos, haciendo milagros, supliendo necesidades, demostrando su poder y gloria en la vida de sus hijos e hijas necesitados.

Dios permite que atravesemos situaciones difíciles porque él quiere demostrar su poder para que todos los que le han visto sufrir, también vean la mano misericordiosa de Dios. ¿Por qué Dios permite que la crisis en su vida sean pública? Porque Dios quiere que su testimonio de victoria sea público también.

La gente que no conoce a Jesucristo no entiende lo que es «aceptar a Cristo», no entiende lo que es un «Salvador personal». Nuestros vecinos no comprenden lo que es el pecado, la corrupción y la rebelión contra Dios. Por eso, Dios en su absoluta sabiduría nos pone en la calle, en trabajos difíciles, en hogares en conflicto, rodeados de vecinos intolerantes, para que seamos vasos de misericordia y mostremos con nuestra vida la diferencia entre la inmundicia del mundo y la santidad de Cristo. Muchas veces un mensaje no hace efecto, pero el testimonio de una vida lo dice todo.

He hablado con hermanos y hermanas que trabajan en lugares donde hay mucho pecado y mucha corrupción y varios me han dicho que están orando ansiosamente para que Dios los saque de ese lugar y los coloque en un trabajo donde todos son cristianos. No puedo negar que es hermoso trabajar con hermanos y hermanas en la fe, pero Dios pone a algunos de sus discípulos en esos lugares públicos para que vivan su fe frente a personas que los molestan, que los mortifican. Si usted está en esa situación, es un vaso de misericordia.

MANANTIAL EN EL DESIERTO

En cierta oportunidad, durante una visita a Israel, mientras cruzaba por el desierto de Judea, vi a lo lejos, en medio del paisaje desértico, un espacio verde. Definitivamente era llamativo, al acercarnos comprobamos que era la ciudad de Jericó, la Ciudad de las Palmeras. En medio del desierto hay una ciudad.

Jericó se encuentra allí porque hay un manantial en medio del desierto. Jericó era la parada obligatoria para los adoradores que subían a Jerusalén para asistir a las fiestas en el Templo. Jericó es un símbolo de la misericordia de Dios, porque en medio de tanta sequedad y esterilidad él puso un manantial, para que los viajeros que pasaban por el desierto camino a Jerusalén pudieran hacer un alto en el camino y beber agua fresca del manantial.

El vaso de misericordia es un manantial en medio del desierto. Puede estar en medio de un lugar seco, difícil, pero tiene vida, tiene unción porque contiene el agua fresca del testimonio de la misericordia de Dios. No se muere ni se seca, sino que crece. Todos pueden observar que, aunque la situación sea difícil, sigue creciendo, se sigue riendo, sigue teniendo victoria, sigue teniendo paz, aun cuando no ha recibido su milagro. Ese es un vaso de misericordia.

Es difícil estar en una situación adversa, pero Dios pone vasos en medio de la plaza, en lugares públicos, para que todos aquellos que quieran venir a Cristo, muchos de los cuales nunca irían a un templo, lo hagan viendo a un vaso de misericordia. Esto puede suceder en un funeral cuando la gente ve a una familia cristiana que en medio del dolor alaba a Dios y testifica de la fortaleza que reciben. Esto puede suceder en la cama de hospital cuando un creyente que está sufriendo una enfermedad declara su fe en el poder sanador de Dios a sus familiares y amigos. Esto sucede cuando un creyente pierde su empresa y su trabajo, y testifica a todos sus amigos que lo tratan de consolar que Dios es el que suplirá.

Durante la guerra del Golfo, en el año 1991, muchos combatientes aceptaron al Señor porque hubo soldados cristianos que entendieron que su principal función fue ser testimonio de Cristo. Muchos de ellos se convirtieron al ver que bajo la presión y la amenaza de armas químicas, los soldados cristianos estaban firmes, cantando, creyendo en Dios y orando. Dios sabe cómo y dónde colocar vasos de misericordia.

MANIFESTACIÓN DE SU GLORIA

El vaso de misericordia es el que provee de agua

fresca a un mundo que no tiene una vasija para ir al pozo de Jesús, que no sabe cómo llegar a él. Están perdidos, pero esto no es malo, significa que no tienen las instrucciones para llegar a su destino. No saben llegar a Dios, vagan sin rumbo. Pero nosotros debemos ser vasos de misericordia, proveyéndoles agua del pozo de donde ya hemos bebido, a todos aquellos que tienen sed.

La palabra testimonio significa «evidencia». Nosotros somos evidencia de la misericordia de Dios a la gente que no lo conoce. No pueden contemplar a Dios pero lo pueden ver en nuestra vida. Jesús vino a revelarnos al Padre. Él mismo dijo a los discípulos que al verlo a él veían al Padre. Nosotros somos la revelación de Jesús al mundo. Cuando el mundo nos ve, debe ver a Jesús. Somos el cuerpo de Cristo.

Conozco cristianos que han atravesado por las situaciones más adversas que un ser humano pueda pasar. En los momentos de dolor e incertidumbre, es normal preguntar por qué. Dios coloca a ciertas personas en situaciones difíciles y permite que vecinos, familiares, compañeros de trabajo vean el sufrimiento. ¿Será esto para avergonzar al creyente? ¡No! Con toda seguridad le digo que Dios hará un milagro en esa situación. Él no permitirá que usted pase vergüenza. Él se glorificará en su vida.

Esto lo hace para que su gloria y excelencia sea

notoria. La palabra notoria significa «conocida, da-da a conocer, publicada, certificada, declarada». ¿Cómo Dios hace conocer su gloria? A través de los vasos de misericordia.

La palabra que se utiliza en griego para el térmi-no: «para con», es la misma que se usa en la palabra «epicentro». Cuando un terremoto irrumpe en la superficie de la tierra, lo hace por el epicentro. El epicentro es el lugar central de la manifestación del poder cataclísmico de un terremoto.

Los vasos de misericordia son el epicentro de la manifestación de la gloria de Dios a los que nece-sitan conocerla. A pesar de que las situaciones ad-versas son dolorosas, Dios elige hacerlas públicas para que todos vean la manifestación de su poder misericordioso.

Mi abuela siempre me contaba testimonios de la fidelidad de Dios durante la Segunda Guerra Mundial en Italia. La familia de mi papá era una de las pocas familias cristianas en un pueblo su-mamente religioso. Por mucho tiempo, los pocos creyentes habían predicado, y testificado en las plazas para luego ser perseguidos por el régimen ateo que gobernaba Italia, y en los últimos años de la guerra los pueblos del sur de Italia sufrieron bombardeos crueles. Miles de civiles murieron ba-jo las bombas de los aviones aliados. Mi abuela siempre me contaba sus experiencias en medio de los bombardeos.

Cuando la gente del pueblo se protegía en refugios, los creyentes se quedaban en sus casas, corriendo peligro de ser despedazados por las miles de esquirlas que explotaban cuando una bomba caía sobre los pueblitos. Pero por las mañanas, cuando la gente del pueblo salía a ver la destrucción de sus casas, podía ver cómo los cristianos que no se habían refugiado, estaban vivos y sus casas no habían sido destruidas.

Una vez en particular, el frente de la casa de mi abuela fue destruida, sin embargo, la estructura permanecía intacta, y ninguno de los que estaban durmiendo fue herido.

Una joven que estaba durmiendo, por la mañana encontró que un artefacto de luces que colgaba del techo había caído, pero estaba debajo de su cama, como si su cama hubiese sido movida por alguien cuando el pesado artefacto debía haber caído sobre ella.

¿Por qué permitió Dios ese diario peligro de muerte? Para demostrar su misericordia a todo el pueblo, que posiblemente no oía los testimonios de los hermanos, pero vio la evidencia de la protección de los hijos e hijas de Dios.

¿Está pasando por una situación similar? Usted es un vaso de misericordia colocado en un lugar público para que los sedientos de Dios vean la misericordia divina en su dolor y vengan a beber agua fresca, agua de fe y confianza que emana de aquel vaso que a pesar de su circunstancia, cree en el Dios de toda gracia y misericordia.

CAPÍTULO 4

VASOS ESCOGIDOS

"Saulo, respirando aún amenazas y muerte contra los discípulos del Señor, vino al sumo sacerdote, y le pidió cartas para las sinagogas de Damasco, a fin de que si hallase algunos hombres o mujeres de este Camino (o sea, cristianos), los trajese presos a Jerusalén. Mas yendo por el camino, aconteció que al llegar cerca de Damasco, repentinamente le rodeó un resplandor de

luz del cielo; y cayendo en tierra, oyó una voz que le decía: Saulo, Saulo, ¿por qué me persigues? Él dijo: ¿Quién eres, Señor? Y le dijo: Yo soy Jesús, a quien tú persigues; dura cosa te es dar coces contra el aguijón. Él, temblando y temeroso, dijo: Señor, ¿qué quieres que yo haga?

Y el Señor le dijo: Levántate y entra en la ciudad, y se te dirá lo que debes hacer. Y los hombres que iban con Saulo se pararon atónitos, oyendo a la verdad la voz, mas sin ver a nadie. Entonces Saulo se levantó de tierra, y abriendo los ojos, no veía a nadie; así que, llevándole por la mano, le metieron en Damasco, donde estuvo tres días sin ver, y no comió ni bebió. Había entonces en Damasco un discípulo llamado Ananías, a quien el Señor dijo en visión: Ananías. Y él respondió: Heme aquí, Señor.

Y el Señor le dijo: Levántate, y ve a la calle que se llama Derecha, y busca en casa de Judas a uno llamado Saulo, de Tarso; porque he aquí, él ora, y ha visto en visión a un varón llamado Ananías, que entra y le pone las manos encima para que recobre la vista. Entonces Ananías respondió: Señor, he oído de muchos acerca de este hombre, cuántos males ha hecho a tus santos en Jerusalén; y aun aquí tiene autoridad de los principales sacerdotes para prender a todos los que invocan tu nombre. El Señor le dijo: Ve, porque instrumento escogido me es éste (la palabra instrumento es la palabra vaso), *para llevar mi nombre en presencia de los gentiles, y de reyes, y de los hijos de Israel; porque yo le mostraré cuánto le es necesario padecer por mi nombre.*

Fue entonces Ananías y entró en la casa, y poniendo sobre él las manos, dijo:

Hermano Saulo, el Señor Jesús, que se te apareció en el camino por donde venías, me ha enviado para que recibas la vista y seas lleno del Espíritu Santo"

Hechos de los Apóstoles 9:1-17

Para lograr comprender qué es un vaso escogido es necesario leer el texto que relata la historia de la conversión de Saulo que se encuentra en el libro de los Hechos. El Señor mismo llama a Saulo de Tarso «instrumento escogido», vaso elegido para ser útil en la casa de Dios.

Tuve la oportunidad de filmar la producción del video titulado: «Vasos en la casa del alfarero», en un taller de alfarería en la ciudad de Guadalajara, República de México, esas horas que pasé con el anciano alfarero mexicano, pude ver como él tomaba barro en sus manos, lo trabajaba, lo preparaba, lo amasaba y le quitaba meticulosamente todas las impurezas de la tierra del campo. En cuanto la masa de barro estaba lista empezaba a golpearla con sus puños y a arrojarla violentamente contra la mesa de trabajo para quitarle el aire que el barro contenía. Cuanto menos aire el barro contiene, más alta es la calidad del vaso. Luego de este violento proceso, la masa estaba lista para ser moldeada, estaba formada de acuerdo al concepto que el alfarero tenía en sus planes.

Una vez terminada la vasija, el alfarero la ponía al sol para secarla, porque el barro todavía estaba mezclado con agua, y la luz del sol evaporaba el líquido. Después de un tiempo bajo el calor del sol llegaba el momento de la verdad, la vasija se cocería en el horno. Cuando toda la humedad se había evaporado, quedaba el barro cocido y la vasija estaba lista para ser usada.

El vaso escogido era el mejor producto trabajado por el alfarero, el más refinado. Era un vaso que al alfarero le daba placer trabajarlo. Cuando el vaso escogido salía del fuego, el alfarero lo trataba diferente, no lo ponía en el mismo sitio que los otros vasos, lo ponía en otro sitio. En los mercados orientales de hoy, los vasos de honra y los vasos de misericordia designados para usos cotidianos son puestos en estanterías para que los clientes elijan entre la gran variedad, pero no es así con los vasos escogidos, estos vasos tienen otra ubicación dentro de la casa del alfarero.

He estado en varios países orientales y generalmente los alfareros colocan los vasos de uso diario en la calle, pero los vasos elegidos por el alfarero no están a la vista del público. Estos vasos están guardados en un lugar seguro, y solamente se los mostrarán a aquellos que necesitan verlos.

EL ORGULLO DEL ARTISTA

¿Cómo llegaba un vaso a ser un instrumento escogido? Cuando el alfarero sacaba el vaso del horno, lo miraba con ojo crítico y veía que era un vaso escogido, que era el mejor trabajo que había hecho. Lo llevaba a un cuarto oscuro y lo ponía en una estantería especial para esa clase de vasos. Este lugar era cerrado, no estaba a la vista del público. Lo escondía, cerraba la puerta y regresaba a trabajar.

El alfarero tenía un cuarto especial para los vasos escogidos, para su mejor trabajo, para su obra de arte, y el vaso permanecía allí, en esa estantería, solo. No estaba disponible para el público, era mantenido en la oscuridad de ese depósito fuera de la vista de la gente.

Si usted hoy visita Israel y entra en la casa de un alfarero, y después de mirar todos los vasos, todas las vasijas que tiene, le pide un vaso escogido, el alfarero seguramente le sonreirá y lo llevara a un cuarto especial donde solamente él elegirá uno.

¿Sabe usted por qué solamente el alfarero puede

elegir el vaso escogido? Porque ese vaso no le hará pasar vergüenza. Es un producto de sus manos que lo enorgullece. Después de seleccionarlo estampa su nombre y su firma, en la obra terminada, al igual que los grandes pintores. Cuando un pintor pone su nombre en una pintura, es porque esa es su obra escogida, una obra que representa su nombre, lo mejor que ha hecho.

El Señor le dice a Ananías sobre Saulo: «Ve, porque vaso escogido es éste, para llevar mi nombre». El Señor pone su nombre en los vasos escogidos.

Ananías era un vaso de honra, un humilde siervo del Señor. Dios le había hablado en medio del día, posiblemente mientras estaba trabajando, y como vaso de honra, mientras oraba en comunión con el Padre, tuvo una visión. Ananías, este discípulo que era un vaso de honra, oyó la instrucción que le fue dada: «Tienes que ayudar a Saulo de Tarso, él está ciego, necesita de ti. De hecho, él está orando ahora mismo y ya le avisé que tú irías. Esta es la dirección. Vé y derrama sobre él la palabra de agua viva que Yo te he dado».

EL PROCESO DE FORMACIÓN

El material del vaso de honra era el mismo que el del vaso escogido, pero en el proceso de cocción el fuego hace la diferencia. Ananías era un vaso de honra. Estaba hecho de la misma manera que Saulo, sin embargo, Saulo fue un vaso escogido.

En un programa de televisión vi a un artista que trabajaba con vidrio, hacía lámparas artísticas, y cuando metía esas lámparas al fuego, el artista empezaba a soplar por un tubo y lo llenaba de aire, luego le daba vueltas y de esa manera el vidrio tomaba forma. En el proceso del fuego la pieza de vidrio tomaba forma. Entonces, el artista saca del fuego algo que es de mucho valor, un instrumento escogido, el fuego aumentó con su calor el valor de esa pieza, el artista produce algo que le da mucho orgullo.

Ananías le dijo al Señor: «Un momento, este Saulo nos metió en la cárcel, y no solamente lo ha hecho en Jerusalén, ahora ha venido aquí a darnos problemas. Él es un miembro de la oposición, Señor, esto es una trampa». Pero el Señor le respondió: «Yo le mostraré cuánto le es necesario padecer por mi Nombre». Dios había hecho de Saulo un vaso escogido que debía pasar por el horno de fuego.

Después de esto Saulo desapareció, estuvo tres años en el desierto, solo. Ese fue su primer horno de fuego. Luego permaneció catorce años en su ciudad natal, Tarso, fabricando tiendas. Ese fue su segundo horno de fuego.

Pablo fue un hombre que tuvo una visión de Jesucristo camino a Damasco. Fue llevado al tercer cielo donde oyó palabras inefables que no pudo expresar. Este hombre debió pasar por varios hornos de fuego que duraron diecisiete años desde el día de su llamado en la calle Derecha en la ciudad de Damasco.

Recuerde que el alfarero toma su mejor vaso, el escogido, y lo esconde en un depósito separado. Cuando el Señor nos hace vasos escogidos nos lleva a un cuarto oscuro, al lugar de disciplina. Él nunca se apura, él tratará con nuestra vida en una forma dura, pero con amor.

Esto no significa que no nos ama, pero experimentaremos lo mismo que una piedra cuando un escultor la trabaja. El artista no comienza a tallarla con una herramienta pequeña, él toma un cincel fuerte y un gran martillo y empieza a darle golpes. ¿Por qué? Porque quiere hacer una obra de arte digna de llevar su nombre.

En el proceso de la disciplina Dios apunta a lo que amamos más. Aplica presión a cada cosa que pueda competir con él, para que luego seamos vasos escogidos. Este proceso nos lleva al arrepentimiento continuamente.

Cierta vez una persona me dijo: «Usted habla mucho de arrepentimiento, yo ya me arrepentí cuando acepté a Cristo». El que piensa que se arrepintió una vez y no lo tiene que hacer más, va por un mal camino, porque el proceso de disciplina implica un constante arrepentimiento. Dios nos muestra que hay cosas que nosotros amamos y que compiten con él, y no aceptará ningún tipo de competencia.

Si nuestra familia compite con Dios, él se las ingeniará para apuntar su disciplina hacia eso. Si el ministerio, la obra, nuestros talentos, nuestras ambiciones, nuestra cultura, compiten con Dios, él ejercerá presión y apoyará su cincel y su martillo exactamente allí hasta romperlo y ponernos en un cuarto oscuro.

Algunos dicen: «Señor, yo pensaba que tú me llamaste, que me has dado talentos, me has dado unción, pero... ¿Qué estoy haciendo en este cuarto oscuro? Yo debo estar frente al público, como los otros vasos que están expuestos». No se dan cuenta que el Señor ha hecho un vaso escogido y lo tiene reservado para una ocasión especial. Mientras tanto deberá estar en un cuarto oscuro, en una estantería. Pero llegará un día en que el Alfarero dirá: «Llegó tu asignación, tu misión», y lo sacará de ese lugar.

LA FIRMA DEL AUTOR

Posiblemente usted sepa que Dios lo llamó, que tiene un plan y propósito para su vida, y no tiene miedo de servir a Dios, está preparado para ir donde sea, ha pasado a través de fuego, de pruebas, y está listo para servir al Señor. Ha reconocido que Dios lo ha llamado, y tiene conciencia de la presencia de Dios. Todos aquellos que son verdaderamente llamados tienen una conciencia de la presencia de Dios en su vida. No es simplemente que tienen talento y ganas de trabajar para el Señor. Miles y miles tienen deseos de servir, pero el que verdaderamente siente un llamado, tiene una conciencia de la presencia de Dios en su vida. Esa es la marca del llamado, la firma del autor.

Cuando el Señor nos llama nos damos cuenta que somos diferentes, estamos ansiosos de que Dios nos dé una orden, pero nada sucede. Hay muchas personas que han sido elegidas por el Alfarero como vasos escogidos, pero ahí están, en una esquina oscura. El Señor nos pone allí. Queremos ver la luz del sol, estar activos en la obra del Señor, desarrollar la visión que él puso en nosotros, y el Señor nos tiene esperando en un cuarto oscuro. Cada mes que pasa nuestro corazón palpita más intensamente. El único que puede entender esta situación es otro vaso escogido, nadie más lo comprenderá. Algunos podrán decir: «Apúrate, haz algo, toca esta puerta, métete por allí», pero solamente un vaso escogido le dirá: «Un momento, si eres un vaso escogido de Dios, no puedes salir de ese lugar, tienes que dejar que el Alfarero te saque, porque si él te formó, lo hizo con un propósito muy específico».

Muchos dicen que cuando empiezan a servir al Señor se va la oscuridad, y mientras leía este versículo, se consolaba mi corazón al ver lo que decía Isaías:

«¿Quién hay entre vosotros que teme a Jehová, y oye la voz de su siervo? El que anda en tinieblas y carece de luz, confíe en el nombre de Jehová, y apóyese en su Dios»
(Isaías 50:10).

Tal vez esté atravesando un momento difícil y pensará que a pesar de ser un vaso escogido, nadie lo utiliza, nadie lo aprecia. Ve que el mundo se opone, se cierran puertas. ¿Algo está mal? ¿Se siente en oscuridad?, ¿no sabe para dónde caminar? sin embargo, el espíritu de Dios dice: «¿Quién hay entre vosotros que teme al Señor? ¿Quién hay entre vosotros que está caminando en tinieblas y carece de luz? Confíen en el Señor, confíen en su Dios, confíen en el momento de Dios».

El Alfarero espera que llegue el momento en que alguien pregunte: «¿Hay algún vaso escogido que no está a la vista del público? Sé que por allí atrás, en ese cuarto oscuro, usted tiene vasos escogidos, lo mejor que ha hecho, vasos de los que está tan orgulloso de haberlos hecho que está dispuesto a sellarlos con su nombre». Entonces el Alfarero dice: «Llegó el tiempo, seleccionaré un vaso escogido».

Y el tiempo llegó también para la vida de Saulo. Pasó tres años en el desierto y catorce años en Tarso, solo, esperando, aunque Dios había dicho que era un vaso escogido y que iba a llevar su nombre.

Luego de diecisiete años de espera, llega otro vaso escogido llamado Bernabé, que mientras estaba en la ciudad de Antioquía, sintió la voz del Espíritu Santo diciéndole que llamara a alguien para que lo veniera a ayudar, y se acordó de Saulo, el muchacho de Tarso. Llegó el momento del vaso escogido.

Cuando Bernabé le pide ayuda al Señor, recibe la respuesta: «Yo tengo un vaso escogido. Lo he guardado en un cuarto oscuro durante diecisiete años, pero ha confiado en mí y no se ha apurado. Llegó el día de sacarlo para que sea usado».

El vaso escogido aprende a confiar y a esperar en Dios aunque no haya luz, aunque esté en tinieblas. Puedo contarle por experiencia propia, cuántas veces me he preguntado y otros me han preguntado: «David ¿qué está sucediendo? ¿qué estás haciendo? ¿qué estás esperando?». Es que todavía estamos en el cuarto, escondidos, aprendiendo a confiar en el Señor.

Los vasos escogidos aprenden a confiar en el Señor en un cuarto oscuro, en la habitación de depósito. El vaso escogido espera que de vez en cuando el Alfarero entre, mire, y se deleite observando todos los vasos, y con simplemente contemplar la mirada del Alfarero que se deleita, el vaso escogido se complace.

Sin embargo, cuando llega el día, el Alfarero toma ese vaso escogido y lo envía como regalo a una nación, a una ciudad, a un grupo de personas. Llegará el día en que el Señor nos envíe, y ahí entrará el Alfarero y nos dirá: «El tiempo llegó».

¿Cuál ha sido el secreto? Aprender a confiar en Dios en el tiempo de espera. No nos hemos apurado, no nos hemos puesto ambiciosos ni ansiosos, no hemos dicho: «El alfarero se olvidó de mí». Hemos confiado en el Señor. Entonces el alfarero nos envía como embajadores, porque llevamos su nombre grabado en nuestra vida.

Una de las tragedias más grandes en la obra del Señor es cuando se envían vasos que no están listos, y por eso se rompen. El apuro es ir, pero debemos hacerlo cuando él lo dice.

El proceso de espera no tiene que ser un tiempo de inactividad. Si usted está esperando que el Señor lo envíe, no esté inactivo, no se quede sentado en una silla. El Señor requiere que le sirvamos, que cuidemos a otros que están a nuestro alrededor.

Los vasos escogidos son los primeros que van al altar, y los últimos en retirarse del culto. Son aquellos que toman notas en un cuaderno cuando escuchan a un predicador. Son aquellos que animan a la gente a creer en Dios y a esperar en él, aunque el corazón se les esté derritiendo por las pruebas. Se ríen con los que ríen y lloran con los que lloran.

Dios es el que escoge, no se escoja usted mismo.

Usted no puede decir: «Yo soy un vaso escogido», es el Alfarero el que lo hace. Si usted es un vaso de honra, así lo ha hecho el Señor. Si usted es un vaso de misericordia, gloria a Dios, usted está ahí para ofrecer la misericordia de Dios a los perdidos que caminan por su ciudad. Pero si usted es un vaso elegido tiene que saber que debe aprender a esperar que el Alfarero lo saque y lo ofrezca.

Aunque aparentemente Dios cierre todas las puertas, no se enoje con las personas que lo hacen, ellos son instrumentos de Dios porque él ha permitido que las cierren.

Permítame orar por usted:

«Señor, mira aquellos vasos que están esperando en un lugar oscuro, nadie los ve, todas las puertas están cerradas. Espíritu Santo, muéstrales, muéstranos que el Alfarero entra todos los días a mirarlos, a contemplarlos, y cuando nos mira nos está diciendo: "Esto es lo mejor que pude haber hecho. Ustedes me dan complacencia, me dan placer, me dan gusto, pero todavía los tengo que dejar aquí, en este lugar oscuro". Espíritu Santo aumenta tu presencia en las vidas de aquellos que se sienten solos, abandonados, limitados, atacados, y saben que Dios los ha llamado. En ese lugar oscuro, enséñanos a confiar en ti, Señor.

Porque llegará el día en que Tú nos entregarás como un regalo a las naciones, a los necesitados, para que los vasos escogidos den agua fresca, agua de vida.

En el nombre de Jesús yo declaro la Palabra de Dios sobre todo vaso escogido, declaro que hay un cerco de protección alrededor de ellos, que la mirada del Omnipotente está sobre sus vidas. Declaro que toda tristeza, toda ansiedad se tiene que ir, en el nombre de Jesús. Y me afirmo en las manos del Alfarero. AMÉN».

CAPÍTULO 5

VASOS QUEBRANTADOS Y VASOS LIMPIOS

«Y traerán a todos vuestros hermanos de entre todas las naciones, por ofrenda a Jehová, en caballos, en carros, en literas, en mulos y en camellos, a mi santo monte de Jerusalén, dice Jehová, al modo que los hijos de Israel traen la ofrenda en utensilios limpios a la casa de Jehová»

Isaías 66:20

Cada vaso que el alfarero hacía era diseñado inicialmente como un vaso de honra. Como hemos visto, el vaso de honra entraba en cada casa para dar agua fresca, agua de vida. Debemos tener claro que el ser humano puede sobrevivir sin comida por varios días, pero no sin agua, porque en el agua hay vida, hay nutrientes, hay minerales, hay vitaminas, hay oxígeno.

El vaso de honra fue designado para servir, para ser derramado a favor de otros, pero el uso frecuente, el dar agua constante, termina marcándolo y ensuciándolo. El uso cotidiano de los vasos de honra que ministran a los sedientos de Dios, termina desgastándolos. Las impurezas y el polvo se pegan al vaso que es usado diariamente, y hasta algunas veces es golpeado por los que lo usan. En las paredes exteriores y las interiores de ese vaso de honra comienzan a adherirse partículas de suciedad y también a marcarse con los golpes, y los desgastan.

DESGASTADOS POR EL TIEMPO

En la antigüedad, la abertura de cada vasija tenía un labio como reborde, por donde se vertía el agua. Desde el pico de la boca de esa vasija, al igual que en una jarra, fluía el agua hacia el vaso. El pico vertedor era lo primero que se gastaba por tanto uso. El paso siguiente al desgaste de la boca de la vasija era el quebrantamiento. El borde terminaba rompiéndose.

De repente, el vaso de honra se transformaba en un vaso gastado y quebrado. Ya no tenía la misma apariencia que al principio, ya no servía como vaso de honra porque el pico se había gastado, y cuando vertía agua, esta se derramaba por los costados. Entonces ese vaso era quitado de la puerta de entrada y puesto sobre un banco en la parte trasera de la casa.

Ese vaso de honra que por años había servido para brindar agua fresca, con el tiempo se desgastó y entonces sería utilizado para llevar ofrenda al templo como un vaso limpio, en el que solamente hubo agua fresca en su interior y nunca basura u otro elemento contaminante.

Vez tras vez, el pueblo de Israel ofrendaba granos al templo, entregaban su diezmo con granos para que los levitas recibieran comida para su sustento y el de su familia. Esta ofrenda era entregada en los vasos de honra que estaban limpios.

Cuando la familia iba a entregar sus ofrendas al templo, buscaba una vasija que ya no podía servir como vaso de honra, que no se podía colocar en la entrada de la casa para que los sedientos pudieran recibir agua fresca, y se la utilizaba para llevar ofrenda de granos al templo.

Por eso, en el libro Isaías dice que al monte del Señor se llevaban las ofrendas en utensilios limpios. Sí, aunque ya no servían más para dar agua fresca, Dios determinaba que todavía tenían un uso: estos vasos servían para cargar con ofrendas para el Templo porque eran vasos limpios. Aunque habían sido usados, Dios todavía los veía como vasos limpios, aptos para ofrecerle a él una ofrenda santa.

Pero después de varios días de recibir tantas ofrendas en vasos limpios, el Templo se llenaba de estos vasos que no retornaban a la casa de los que habían traído las ofrendas y eran llevados a un depósito que estaba en el Templo, en la casa de Dios, en la presencia de Dios, cerca de Dios. Allí esperaban el momento en que los sacerdotes los juntaban y después de que terminaba la fiesta eran llevados a la casa del Alfarero. Allí serían restaurados.

Estos vasos que habían sido de honra, útiles en la casa de alguna familia, se juntaban y se llevaban a la casa del alfarero para ser renovados. ¡Qué hermoso! Aunque ya habían servido como vasos de honra y como vasos limpios de ofrendas puras y santas, Dios no los desechaba, todavía había otra oportunidad.

Varias veces al año, los levitas del templo llegaban a la casa del alfarero con cientos y cientos de vasos que habían sido dejados en el Templo. ¡Qué tremendo cuadro! Los ministros del Señor iban al Alfarero y llevaban vasijas que habían sido de honor, pero que debido al uso se habían desgastado. Dios, a estos utensilios, a estas vasijas, que todavía no habían sido llevadas al alfarero, que aún no habían sido llevadas al templo con granos las llamaba: Utensilios limpios.

REGRESO A LA CASA DEL ALFARERO

Como cristianos solemos desgastarnos por el uso, por el ministerio. Otros se debilitan por las pruebas diarias, por las luchas contra el pecado y la tentación, y ya no pueden ser instrumentos de honra para dar agua fresca. Ningún creyente es perfecto. Ningún ministro es un superhombre, un supercristiano. Hoy, en la iglesia, hay muchas personas que están estresadas de tanta actividad: Los comités, coros, reuniones de juntas, y otras tantos trabajos. Toda esta preocupación, esta carga, afecta al vaso.

Podemos ser vasos de honra, tener agua fresca para dar al mundo, pero debido al uso, nuestra boca, nuestros labios, se desgastan y ya no podemos verter esas aguas donde quisiéramos, porque salen abruptamente, se derraman fuera del vaso y se secan. Todo aquel que trabaja en la obra del Señor necesita una renovación continua, el que no es renovado y restaurado en la presencia del Señor, se seca. Esto no significa que esté viviendo en pecado, sino que debe ser renovado.

La llave de renovación es la adoración y la comunión con el Señor. Cuando los vasos de honra ya no eran útiles para ministrarle a otros, lo eran para llevarle ofrendas al Señor en el Templo. En la presencia del Señor somos renovados en nuestros tiempos de adoración. Podemos trabajar, obrar y hacer, pero si no nos llenamos de la presencia del Señor en los momentos de adoración, no podremos repartir agua a otros.

Esa es la razón por la cual en los últimos años hubo una renovación del espíritu de adoración en nuestras iglesias, en el Cuerpo de Cristo. Y no solamente en Latinoamérica sino en el mundo entero. Por esa razón debemos volver a las manos del Alfarero, no podemos continuar llevando ofrendas a la presencia del Señor cuando necesitamos ser reparados.

Constantemente me encuentro con personas que han trabajado diligentemente en la obra de Dios pero por el cansancio, por tentaciones, por malos ejemplos y por tantas otras razones que no vale la pena discutir, se han cansado y ya no pueden ser útiles. ¿Tienen estos una nueva oportunidad o ya no pueden ser útiles?

Dios dice que sí. De hecho, aprenda al ver esos vasos que ya no eran útiles pero que servían para llevar ofrendas a la presencia de Dios. Ese es el primer paso a la renovación de alguien que ha sido golpeado y ha perdido su lugar en el ministerio. No es necesario buscar otro lugar para mantenerse ocupado sino alejarse de toda actividad y desarrollar una vida disciplinada de adoración e íntima comunión lejos del ojo público, en privado.

Posiblemente cuando estaba muy ocupado en la obra del Señor no tenía tanto tiempo para tener comunión con él. Este es el momento de comenzar la renovación. En la presencia del Alfarero somos transformados, de gloria en gloria a su imagen.

PROCESO DE RESTAURACIÓN

En la alfarería de Guadalajara hallé un lugar donde había muchas vasijas desechadas, rotas y algunas solamente eran pedazos de los que un día fue una vasija para uso útil. Estas vasijas quebrantadas eran aquellas que fueron traídas al alfarero para reparación, pero en el intento de ser arregladas por el alfarero, no soportaron el proceso del fuego intenso y se quebraron.

No todos los vasos se quiebran por el constante uso. Algunas vasijas se quiebran porque experimentan un golpe fuerte, una caída. Cuando el golpe de la prueba es violento, si hay alguna falla, alguna herida en esa persona, en ese vaso, se quiebra.

Cuando el alfarero introduce el vaso reparado en el horno, el mismo fuego que repara y fortalece a otros vasos, rompe a algunos que no resisten su intensidad. Los vasos quebrados deben regresar a la casa del Alfarero, no para ser desechados sino para ser restaurados. Los vasos quebrados o limpios eran renovados y restaurados por medio de un proceso que desarrollaremos en algunos pasos.

Primer paso:
Vaciarse

El primer paso que daba el alfarero cuando tomaba un vaso quebrado o uno que debía limpiar, era vaciarlo. El alfarero vaciaba ese vaso que se había llenado de tierra, de polvo.

Para que el Espíritu de Dios llene un vaso, primero debe vaciarse su contenido. Dios hace esto por nuestro bien. Aquellos que conocemos al Señor desde hace muchos años hemos aprendido el lenguaje de la llenura del Espíritu Santo. Pero todo ese conocimiento muchas veces es usado para esconder un corazón vacío. Sucede que de tanto uso nos fuimos desgastando, y al único lugar al que podemos regresar es a la casa del alfarero.

Los que estamos más ocupados en el ministerio somos quienes más necesitamos visitar la casa del Alfarero para ser renovados, porque nos desgastamos por la obra del Señor. He visto, con dolor en mi corazón, cómo la mayoría de los obreros que ministran niegan el hecho de que necesitan ser renovados. Creen que confesar la necesidad de ser renovados y restaurados es una debilidad, y eso no es verdad. Todos necesitamos ser renovados por el uso frecuente, porque siempre estamos derramando agua, dando y dando. De tanto dar se desgasta el labio de nuestra vasija, se desgasta el asa, se llena de basura. Escuchamos tantas situaciones difíciles, tantos problemas, que eso nos afecta, y como nosotros aprendemos a hablar el lenguaje de la llenura del Espíritu Santo, el lenguaje carismático, el lenguaje de la renovación, el lenguaje del río de Dios, escondemos detrás de este lenguaje la realidad en nuestro corazón: estamos vacíos.

El camino a la liberación es uno: la honestidad. De otro modo, vamos a caminar con caretas. El texto de 1 Corintios 11:28 dice: «Por tanto, pruébese cada uno a sí mismo». Todo hombre debe examinarse y recibir el espíritu de honestidad. Necesitamos que el Señor nos renueve, nos restaure. Por esa razón, lo primero que el alfarero hacía cuando le traían un vaso que necesitaba ser limpio o restaurado, era vaciarlo de todo lo que había en su interior, y eso duele mucho, porque el alfarero debe trabajarlo.

SEGUNDO PASO: RESTAURACIÓN PROFUNDA

La segunda parte del proceso de restauración comienza cuando el alfarero pule el vaso con una lima y un cepillo, lo lava con agua, lo raspa y le quita los restos de residuos que estaban pegados. Pero a veces no es suficiente y se necesita usar un cepillo de acero y una lima bien fuerte y raspar no solo el interior sino también el exterior del vaso.

Dios pasa la lija por la parte interna de nuestro corazón y también por fuera. Esto produce humillación, humildad, y esto es lo que él está buscando en nosotros. La palabra «humilde» significa «aplastado».

El libro de Proverbios 18:12 dice acerca de la humildad: «Antes del quebrantamiento se eleva el corazón del hombre, y antes de la honra es el abatimiento».

Esto significa que quien se eleva, se enorgullece, está pronto a ser quebrantado, pero la persona que está abatida está pronta para ser honrada. La persona que ha sido aplastada, Dios la está haciendo, la está lijando, porque ya está pronto el próximo paso: la honra.

Todos aquellos que anhelamos que Dios nos honre debemos aceptar el abatimiento. Tenemos que aceptar que él tome nuestra vasija, nuestra vida, y comience a lijar, a raspar y a cepillar.

Eso es fácil decirlo pero difícil pasarlo. Ahí es donde el Señor comienza a sacar todo el orgullo. He aprendido que estos son los momentos en que el Señor nos hace guardar silencio. Allí se terminan las palabras automáticas, las palabras religiosas. El que habla demasiado es porque no está pasando por quebrantamiento, porque el que está siendo quebrantado guarda silencio, se somete, se calla en la presencia del Señor.

TERCER PASO:
ELEMENTOS DE REPARACIÓN

El vaso quebrado tiene generalmente el labio roto o el asa dañada. En tiempos bíblicos, como parte del trabajo de restauración el alfarero preparaba una masa de barro que necesitaba un ingrediente especial para que se ligara al vaso, ya que barro con barro no se adhiere. Entonces buscaba unos insectos especiales fuera de la ciudad, que en hebreo se llaman «Faculá», y los trituraba para sacarles la sangre, la mezclaba con el barro y se formaba una masa de sangre con barro que permitía formar nuevamente el labio o el asa de la vasija. La sangre de ese insecto servía como pegamento, unía al barro nuevo con la vasija desgastada. Esa es la forma en que el alfarero reparaba un vaso quebrantado.

Podemos poseer todos los talentos necesarios, ir al mejor consejero del mundo, leer el mejor libro y asistir a la mejor iglesia, pero sin la sangre no hay unión. La persona que fue golpeada, desgastada, tiene que volver a la sangre de Cristo, al lugar del arrepentimiento y confesión, y la sangre de Cristo será aplicada sobre su vida. ¿Cómo se aplica la sangre de Cristo a nuestro corazón? De una sola manera:

«Pero si andamos en luz, como él está en luz,

tenemos comunión unos con otros, y la sangre de Jesucristo su Hijo nos limpia de todo pecado. Si decimos que no tenemos pecado, nos engañamos a nosotros mismos, y la verdad no está en nosotros. Si confesamos nuestros pecados, él es fiel y justo para perdonar nuestros pecados, y limpiarnos de toda maldad»

(1 Juan 1:7-9).

La sangre de Jesucristo es aplicada a nuestra vida cuando andamos en la luz. Andar en la luz significa tener una relación expuesta a la luz de Dios donde nada en nuestra vida puede quedar escondido, a oscuras. La sangre de Jesucristo es aplicada a nuestro corazón cuando confesamos nuestros pecados y admitimos nuestras faltas y nuestras maldades.

El barro representa simbólicamente lo que nosotros ponemos en esa fusión: nuestra voluntad, nuestro deseo. La sangre es el elemento necesario que Dios pone para sellar el trabajo de restauración.

El Alfarero nos limpiará y nos mostrará todas las impurezas que hay en nuestro corazón, pero nosotros debemos confesar y admitir que hemos fallado y tal vez cometido maldades. En su presencia, la sangre de Jesucristo nos sanará y afirmará el trabajo que el Alfarero hará en nuestro corazón quebrantado.

Pero... ¿Sabe usted lo que sucede si tratamos de poner barro sobre una vasija que no fue lijada, preparada y no tiene pegamento? el barro se cae. Posiblemente resista un día, pero finalmente se romperá porque el barro no se adhirió bien. La sangre permite que el barro se una porque es un elemento coagulante.

Cuarto paso:
El horno de fuego

De pronto, la vasija quebrada recibió un asa nueva y un labio nuevo. El alfarero pasó esa mezcla de barro con sangre en todas las fisuras, en todas las marcas que habían quedado por el uso, y emparejó el vaso para que nuevamente fuera un vaso de honra.

El vaso ya fue vaciado, cepillado, se puso un labio nuevo, un asa nueva, ya está listo para usarse, pero... todavía falta algo; debe ir al horno nuevamente. Al vernos reflejados en este vaso decimos: «¡No quiero pasar por otra prueba, Señor!», pero cuando el vaso es nuevamente llevado al horno de prueba, de fuego, la sangre que estaba mezclada con el barro húmedo se endurece, se hace resistente. De esa manera se incorpora carácter a lo nuevo que él puso en nuestra vida. Entonces sale de ese horno un vaso templado, fuerte, capaz de soportar lo que sea.

Una de las pruebas de la restauración que debemos atravesar es el rechazo o el cuestionamiento de otros que nos conocían anteriormente y ahora ven una diferencia. Otra prueba es el ataque directo de Satanás con dudas y mentiras de que este nuevo comenzar en nuestra vida no durará mucho. También el recuerdo del pasado es una nueva prueba de nuestra resistencia.

Si la vasija no hubiera sido puesta en el horno, duraría solamente dos o tres días con esa apariencia. Al tomarla por el asa se rompería nuevamente, no podría ser usada y debería volver a la casa del alfarero. Lo mismo sucedería con el pico.

Después de que fuimos renovados y transformados Dios nos lleva al horno nuevamente, volvemos a la obra, a la intercesión, a la oración, y a ser útiles en las manos del Rey.

Pero, seguramente luego de un tiempo nos sucederá lo mismo otra vez. Tendremos que regresar a la casa del Alfarero para que restaure nuestro labio, nuestro asa, para que nos lije hasta quitarnos toda marca, que nos cepille, y nos lave por dentro y por fuera, hasta hacer de nosotros un utensilio restaurado por el Alfarero.

Necesitamos al Alfarero

Posiblemente usted necesita ser limpio y todavía esté llevando ofrendas al Señor, está haciendo lo mejor que puede, pero un vaso de honra desgastado es candidato a dos opciones:

1) Deprimirse y quejarse porque ya no puede fluir en el lugar donde era útil.
2) Entender que puede ser un vaso limpio para llevarle directamente a Dios una ofrenda mejor.

También debe saber que hay mucho más para usted que simplemente ser un vaso para llevar ofrendas. Usted puede ser un vaso de honra nuevamente, donde el agua fresca pueda fluir y pueda hacerlo por el labio que el Espíritu Santo pondrá en su boca.

Para concluir, deseo hacer una diferencia entre los vasos quebrantados y los vasos limpios. Los vasos quebrantados que Dios restaura vuelven a recobrar su función de vasos de honra. Estos vasos aunque sufrieron desgaste han sido renovados en el proceso del Divino Alfarero para volver a ser fuentes de salvación y redención a todos los que buscan las aguas cristalinas de la vida de Jesús. Su experiencia dolorosa se transformará en el mensaje central de su vida para consolación de muchos.

Sin embargo, los vasos quebrantados que pasan por el proceso del Alfarero para ser vasos limpios ocuparán un lugar incomparable en la casa del Señor. Dios tiene un ministerio especial para hombres y mujeres que han sufrido quebrantamientos dolorosos y han sidos descalificados como vasos útiles. Los vasos limpios eran vasos que quedaban separados después de haber servido por mucho tiempo. Debido al uso, se abandonaban en algún lugar de la casa y eran olvidados. Pero cuando llegaba el momento de llevar ofrendas al templo, estos vasos aunque no eran útiles para acarrear agua, eran limpiados y llevados al templo como recipientes de ofrendas. Estos vasos tenían el alto privilegio de ser puestos frente al altar del templo en la presencia de Dios. Estos vasos se transformaban en instrumentos de intercesión a favor del que ofrendaba. Los vasos limpios eran memoriales en la presencia de Dios a favor de aquellos que llevaban sus ofrendas para agradar a Dios.

¿Quiénes llegan a ser estos vasos de intercesión en la presencia de Dios? Estas son vidas que han perdido su lugar en el ministerio debido a caídas y fallas, experiencias difíciles que han destruido su capacidad para ser instrumentos en las manos de Dios. Estos son vasos heridos que llevan la marca de su dolor. Son testimonio público de su tropiezo. Sin embargo, en sus manos, todo vaso puede ser restaurado. Posiblemente su caída ha sido profunda. ¡Hay esperanza! Dios desea restaurarlo, limpiarlo, para que aunque no vuelva a ejercer en un lugar público en la casa del Señor, pueda ocupar un lugar de intercesión, orando y aconsejando a todos aquellos que están atravesando por una situación similar a la suya.

Sus hermanos y compañeros podrán rechazarlo. Posiblemente usted mismo se descalifica debido a su testimonio vergonzoso del pasado. Conozco a personas que han quedado marcadas por las consecuencias de las decisiones incorrectas en su vida. Pero como Jacob que quedó marcado, su pasado vergonzoso se transformará en la evidencia más poderosa de la gracia y el perdón de Dios. En las manos del Divino Alfarero, usted tendrá un lugar en la casa del Señor, orando con entendimiento y misericordia por todos aquellos vasos quebrantados que se sienten descalificados para ser instrumentos en las manos del Señor.

Si su labio o su asa se han quebrado, y no puede cantarle más al Señor, ya no puede decirle que lo ama con todo su corazón y no puede hablarle como le gustaría hacerlo. Si descubre que su oración es como una larga lista de compras igual a la que prepara antes de ir al supermercado. Si se da cuenta que pasa dos o tres horas orando, pero es usted quien está hablando, le diré que su labio se desgastó, que debe volver a la casa del Alfarero para que tome barro y lo mezcle con sangre para poder reparar su vida. Recuerde, la sangre de Jesucristo nos limpia de **TODO** pecado. Pero para eso debe confesar que necesita ser renovado, que necesita ser reparado por las manos del Alfarero. Él pondrá un labio nuevo, una alabanza nueva en sus labios, lo llenará de agua y entonces podrá rebasar desbordando. No tema al fuego de la prueba ya que afirmará la renovación en su vida y fortalecerá su corazón para que conozca mejor el proceso del Alfarero.

Permítame orar por usted:

«Señor, muchos necesitan renovación. ¡Cuántos se están cansando del trabajo difícil en su familia, en su ciudad, en su nación! Señor, de la misma manera que tú me renovaste cuando te necesitaba tanto, renueva a tus vasos quebrantados. En el nombre de Jesús. AMÉN».

CAPÍTULO 6

VASOS DE DESHONRA

«Pero en una casa grande, no solamente hay utensilios de oro y de plata, sino también de madera y de barro; y unos son para usos honrosos, y otros para usos viles»
2 Timoteo 2:20.

Todos los vasos que hemos estudiado hasta aquí han sido vasos que tienen una función beneficiosa. Pero qué sería de una casa si no hubiera un contenedor para la basura que diariamente se acumula. Aunque cada día en la cocina se pueden producir comidas deliciosas, de la misma cocina también se producen desperdicios. Aunque en una sala se puede oler una fragancia de limpieza, en la misma sala hay tierra, polvo y basura que es traída por los integrantes de la familia que han caminado por las calles.

La vasija para usos viles era el contenedor de basura de aquellos tiempos. Como todos los vasos que hemos visto hasta ahora, el vaso para usos viles fue creado originalmente como vasija de honra, pero, cuando el alfarero lo sacaba y lo inspeccionaba, y encontraba que había áreas en que el barro estaba duro, inflexible, que no se amasó bien, que rechazó el fuego, no se quemó y no se coció bien, al ver tantas imperfecciones, él rebajaba el precio del vaso y lo ofrecía como una vasija que serviría para recoger desperdicios, un vaso para usos deshonrosos.

UNA ELECCIÓN PROPIA

En tiempos antiguos, el alfarero en Jerusalén o en Galilea tenía también una estantería donde ubicaba los vasos de deshonra o para usos viles. Estos vasos eran puestos en la cocina para recoger todo lo que sobraba de la comida y los desechos.

Cuando la vasija de deshonra se llenaba, comenzaba a despedir mal olor. La basura comenzaba a descomponerse de tal manera que se pudría.

Entonces el dueño la sacaba y la llevaba a la parte trasera de la casa para luego ser trasladada al basurero del pueblo.

Mientras estaba en la cocina y era utilizada para un uso vil, todavía tenía un servicio, aún era útil. Pero cuando comenzaba a emanar olor, cambiaba de nombre, de ser vaso de uso vil o de deshonra, pasaba a llamarse vaso abominable.

En Isaías 65:4 dice que el pueblo que se había apartado... «*se quedan en los sepulcros, y en lugares escondidos pasan la noche; que comen carne de cerdo, y en sus ollas hay caldo de cosas inmundas*».

En ese texto, la frase «ollas con cosas inmundas» se refiere a vasos abominables. Era una vasija que estaba llena de basura, y todavía no había sido descargada, no había sido limpia, y tenía tanta basura que producía mal olor. Por esa razón se la llamaba «vasija abominable».

Dios siempre forma vasos de honra, el alfarero los moldea como tales, pero los vasos de deshonra se eligen a sí mismos. Ellos mismos eligen serlo. Esto sucede cuando permitimos llenarnos de basura. Cuando quitamos la cobertura que nos protege de toda inmundicia, abrimos el corazón y decimos: «Vengan, vengan, cuéntenme toda la basura, todos los chismes. Háblenme mal de todo el mundo». Es ahí cuando nos transformamos en vasos de deshonra.

La crítica es basura. No abra la tapa de su corazón

para que entre la murmuración. Dígale a la gente: «Yo no soy un vaso de basura, un vaso vil, un vaso de deshonra. Soy un vaso de honra, no me vengan con esos cuentos».

HERIDAS QUE DAN OLOR

Cuando hay mucha basura en las vasijas viles, las moscas se arriman. Los filisteos tenían un dios que se llamaba Belcebú, que significa: «El señor de las moscas». Jesucristo dijo que Belcebú era un príncipe de demonios. Él busca vasos llenos de basura que apestan y los rodea. A Belcebú le encantan las heridas abiertas, aquellas que tienen pus, que no han sido sanas. A él le atrae la carne herida.

Recuerde a Lázaro, el mendigo. Este era un hombre judío, hijo de Abraham, heredero del pacto de Dios con Israel, que cada día estaba en la puerta de la casa de un hombre rico que no tenía temor de Dios. Lázaro esperaba que calleran unas migajas de la mesa de este hombre pecador para alimentarse en su miseria. Tal era su estado de enfermedad que la Biblia nos cuenta que los perros venían a lamer sus llagas, sus heridas.

En la tradición judía y en la Biblia, los perros simbolizaban lo inmundo. Ellos representaban a todo lo que no es de Dios, a lo que es satánico. Los perros inmundos venían a lamer las llagas de Lázaro. ¿Por qué? Porque estaba tan herido, tan paralizado que no entendía que un hijo de Dios no debía depender de las migajas que caían de la mesa de un pecador.

Lázaro quería comer de la mesa de los escarnecedores, y eso está prohibido en la Biblia. Tenía tantas heridas que sus llagas atraían a los perros inmundos. La sanidad de nuestras heridas es absolutamente necesaria. Satanás es atraído por las heridas tan profundas de los creyentes. Por eso, tarde o temprano los heridos lastimarán a otros porque Satanás los convencerá que así se sentirán mejor, que así calmarán su dolor, desquitándose con otros. Belcebú, el señor de las moscas, es atraído por las llagas podridas, por las heridas que no se han sanado y supuran infección y mal olor. Podemos ver a personas en los países sumamente pobres, principalmente a niños, con una imagen tan triste, que siempre están rodeados de moscas. Esto se debe a las infecciones que tienen, y las moscas son atraídas a ellos.

Belcebú, el señor de las moscas decían los filisteos, está buscando corazones con heridas que no han sido sanadas, heridas del pasado que no fueron cerradas. Personas que fueron discriminadas, que fueron heridas y todavía están lastimadas. Es una herida válida para que las moscas estén a su alrededor. A Belcebú le encanta buscar ese tipo de personas para hacer una infección mayor, porque cuando una mosca se posa sobre una infección, trae más infección, ya que allí deposita sus huevos y se crían las larvas en la misma herida abierta.

LA SOLUCIÓN

La única solución para un vaso vil o de deshonra es el arrepentimiento. La única manera de sanar una herida que aún no se ha cerrado, es cuando viene sobre nuestra vida el arrepentimiento. Entonces, el señor de las moscas se confunde, los demonios que le sirven se confunden. Ya no gritamos de dolor ni nos quejamos echándole la culpa a otros. Cuando el creyente que está herido se arrepiente, perdona y recibe sanidad, lo satánico huye.

En octubre de 1995, mientras predicaba en Radio Visión, en la ciudad de Nueva York, el Espíritu de Dios derramó un espíritu de arrepentimiento sobre todos los que estabamos trabajando en la emisora de radio, incluso algunos programadores. Ya había sucedido esto anteriormente en el año 1992. Todos llorábamos, arrepintiéndonos, pidiéndonos perdón.

Pero también recuerdo cómo muchos de los que estaban allí se resistieron al mensaje de arrepentimiento. No entendían que el mensaje del arrepentimiento es resistido por Belcebú, el señor de las moscas. A él no le gusta el mensaje del arrepentimiento, porque cuando el pueblo de Dios se arrepiente, comienza a sanar y él se tiene que ir.

La primera vez que ocurrió esto, pensaba: «¿Qué está pasando aquí? No lo entiendo, este es un mensaje bíblico, un mensaje de arrepentimiento, esto está en la Biblia. ¿Por qué hay tanta gente que se opone a esto?». Hoy puedo comprenderlo.

A las personas que tienen heridas abiertas no les gusta el mensaje del arrepentimiento, porque las moscas, los agentes de Satanás están poniendo más y más infección en su vida.

PÓNGALE LA TAPA

Mientras anhelemos ser vasos de honra para el Señor, tendremos que guardar celosamente la cubierta de nuestro corazón, ya que la basura intentará meterse continuamente.

En el libro a los Efesios 4:29 leemos:

«Ninguna palabra corrompida salga de vuestra boca, sino la que sea buena para la necesaria edificación, a fin de dar gracia a los oyentes».

La gracia es un favor no merecido, es un regalo de Dios. La Biblia dice que tienen que salir de nuestra boca palabras buenas de sanidad para la necesaria edificación, a fin de que los oyentes reciban regalos de Dios.

Esta es una lucha continua, una lucha diaria. Tenemos que poner la tapa a nuestros vasos para que no entre basura. Algunos días estamos débiles y oímos la murmuración de la gente, y somos parte de sus conversaciones aceptando las críticas, luego nos arrepentimos de lo que hemos dicho. Nuestro corazón debe fundamentarse en propósitos firmes: no permitir que la basura nos contamine.

La elección es nuestra. Nosotros decidimos qué hacer, si continuar recibiendo la basura o limpiarnos. Porque uno mismo elige ser vaso de deshonra. Dios, el gran Alfarero, nunca nos formó como tales.

El alfarero toma el barro, y de ese mismo material hace varios vasos, y los coloca en el horno. Cuando los saca y los ve, comienza a decir: «Este vaso es de honra, porque va a servir para dar agua fresca. Este es un vaso de deshonra porque se resistió al fuego». ¡Qué tremendo!

Todos los vasos están hechos del mismo material, el barro. El fuego marcó la diferencia en cada uno de ellos.

El vaso escogido no se resistió al fuego, no se escapó de él. Este fuego le pegó tan fuerte que le dejó estampados muchos colores.

El vaso de honra soportó el horno, pero el fuego no le dejó marcas que lo hicieran hermoso, simplemente salió normal.

El vaso de deshonra, el vaso vil, se resistió al fuego, y salió mal.

El fuego, el desierto, la prueba y los golpes de la vida determinan qué clase de vasos seremos. Si en el medio de la prueba nos resistimos al fuego, entonces Dios tendrá que tomar una determinación y dirá: «Te resististe a mi prueba, a mi examen, al fuego, al momento de presión, entonces no te puedo usar. Pero tú lo soportaste como un verdadero vaso escogido, a ti te usaré. A ti, vaso de honra, que no huiste del fuego, te voy a usar para servir agua fresca. Y al más grande, al vaso de misericordia, a ti te voy a usar para darle agua a los caminantes sedientos».

No permita que entre basura en su vasija, porque el que lo permite y no se limpia ni se arrepiente, al final terminará en el fondo de la casa, con mucha basura acumulada, con muy mal olor y rodeado de moscas. Finalmente se transformará en un vaso abominable.

CAPÍTULO 7

Vasos de ira

«Y qué, si Dios, queriendo mostrar su ira y hacer notorio su poder, soportó con mucha paciencia los vasos de ira preparados para destrucción»
Romanos 9:22.

Por último, nos encontramos con el vaso de ira. Este es un vaso quebrado, roto, que luego de haber sido llevado al taller del alfarero para ser reparado, se resistió a la restauración. Cuando el alfarero recibe un vaso quebrado, primero lo examina para detectar qué parte necesita restauración, luego prepara el barro y comienza a pegar las partes que habían sido lastimadas. Entonces, con una mezcla de barro y sangre son reparadas. Pero para que las partes nuevas del vaso se endurezcan, el alfarero lleva nuevamente el vaso reparado al horno. Sin embargo, algo distinto sucede con algunos vasos. Se resisten a la renovación, a la sanidad.

El alfarero siempre intentará nuevamente, probablemente utilizando otra técnica u otro material más fuerte. Pero siempre el vaso que es restaurado debe volver al horno.

El vaso de ira es el vaso que después de varias pruebas se resiste a ser restaurado y no tiene más arreglo. La reparación no permanece, no se afirma en el vaso. Entonces el alfarero debe tomar una decisión. Su trabajo de reparación no puede recibir honra ni respeto. Aunque pasó mucho tiempo trabajando el vaso, ha tenido paciencia, ha tratado de arreglarlo, el alfarero debe hacer con él lo que corresponde.

Cuántas veces Dios nos ha restaurado en nuestra debilidad, y luego nos lleva al horno de la prueba para ver si la restauración fue efectiva, pero nos quebramos en el mismo lugar, en ese lugar débil. Cuántas veces fallamos en nuestras debilidades y después de arrepentirnos, Dios nos fortalece para que podamos resistir las pruebas de la tentación. Pero aquí debemos tener cuidado. Si siempre fallamos en la misma debilidad, el alfarero decidirá si terminaremos como vasos de ira, destinados a la destrucción.

La prueba del cambio

Recuerdo el testimonio de un hombre al que Dios usó en el ministerio de mi ciudad. Él fue salvo y restaurado de una vida de pecado. Un día comenzó a contarme su testimonio y me impresionó mucho. Este hombre era muy conocido en toda las iglesias porque testificaba de la gracia y misericordia de Dios en su vida. Dios lo había salvado de la muerte ya que había sido un drogadicto y un criminal en las calles de Nueva York, pero Dios, en su misericordia, lo llamó a ayudar a otros que tenían ese mismo pecado en su vida.

Este hombre fue llamado a ser un vaso de honra, pero luego de la restauración viene la prueba. ¿Por qué Dios permite la prueba? La prueba de nuestra transformación no es para Dios. La prueba del cambio de una vida de esclavitud al pecado a la libertad, es para nosotros. Necesitamos experimentar las victorias contra las tentaciones que antes nos derrotaban. Nosotros somos los que debemos experimentar que la transformación de Dios es real, y eso solamente se comprueba en el horno de la tentación.

Este hombre aceptó el llamado de Dios, y con la mejor intención de su corazón salió a las calles y ayudó a cientos de drogadictos a llegar a los pies de Jesucristo, sin embargo, a pesar de las grandes victorias y testimonios que se veían en su ministerio, Dios permitió que este hombre fuera puesto en el horno de fuego, rodeado de personas que hacían lo mismo que él había hecho en su vida de pecado. La presión del fuego fue muy grande ya que un día escuché acerca de una desastrosa caída moral en su vida.

¿Dónde se rompió la vasija? ¿Por el mismo lado que había sido restaurada?, ¿por la misma debilidad?, ¿por el mismo pecado del que Dios lo había sanado y perdonado al aplicarle la sangre?

Después de varios años de predicar el evangelio, de levantar un ministerio muy conocido, volvió a una vida de drogas y perversidad. Antes de ser salvo, este hombre tenía vínculos amorosos con muchas mujeres. Después de ser salvo, tuvo que serle fiel a su esposa. Antes de ser salvo era un rebelde que hacía lo que quería. Después, como ministro del evangelio debía someterse a sus autoridades. Antes, robaba. Después debía dar cuentas de todo el dinero que ingresaba a su ministerio. Cuando Dios permitió que entrara al horno de fuego, en el horno del ministerio, con un matrimonio sano y responsabilidades financieras, su vida falló y se volvió a romper. Como resultado de ello regresó al mismo lugar de donde había salido.

Si un mecánico recibe un automóvil fundido, le saca el motor viejo y lo repara, antes de presentárselo al dueño, lo prueba para asegurarse de que todo está en condiciones para ser entregado. Nunca me subiría a un avión aunque fuera nuevo, sin que la fábrica lo hubiera probado primero. ¿Qué hace Dios? Él nos sana, nos da un ministerio, un llamado, unción, poder, autoridad, pero, ¿cómo comprueba que esa restauración es genuina? Nos prueba, nos lleva a desiertos, nos pone barreras para que las saltemos. Nuestro Señor nos dio armas espirituales pero, ¿cuándo las utilizamos? frente a un enemigo, enfrentando demonios, espíritus del mundo y tentaciones.

Constantemente este error es común en la vida de muchos cristianos que luchan contra las tentaciones en el horno de la prueba. La Biblia nos instruye acerca del pecado:

«Huye también de las pasiones juveniles, y sigue la justicia, la fe, el amor y la paz, con los que de corazón limpio invocan al Señor» (2 Timoteo 2:22).

«Huid de la fornicación. Cualquier otro pecado que el hombre cometa, está fuera del cuerpo; mas el que fornica, contra su propio cuerpo peca» (1 Corintios 6:18).

«Por tanto, amados míos, huid de la idolatría»
(1 Corintios 10:14).

«Porque raíz de todos los males es el amor
al dinero, el cual codiciando algunos, se ex-
traviaron de la fe, y fueron traspasados de
muchos dolores. Mas tú, oh hombre de
Dios, huye de estas cosas, y sigue la justicia, la piedad, la fe, el amor, la paciencia, la
mansedumbre»
(1 Timoteo 6:10-11).

¡Muy simple! Dios nos manda a huir del pecado,
a escapar de la tentación.

La Palabra de Dios también nos instruye acerca
de nuestro trato con Satanás.

«Someteos, pues, a Dios; resistid al diablo, y
huirá de vosotros»
(Santiago 4:7).

Dios nos manda a resistir al diablo. La Biblia nos
indica cómo oponernos a Satanás, porque él es un
mentiroso y un engañador al que se le resiste pe-
leando con la verdad, pero este es el error que muchos cometemos y hemos cometido: Resistimos al
pecado y huimos de Satanás. No se resiste al pecado, se le huye.

En el horno de fuego aprendemos a resistir al diablo con la verdad de la Palabra de Dios, como lo hizo Jesús en el desierto. Debemos siempre enfrentar a nuestro enemigo con lo que Dios dice acerca de nuestra nueva vida en Cristo. Sin embargo, cuando vemos que el pecado y la tentación comienzan a acercarse a nuestra vida, no podemos quedarnos en el mismo lugar y pensar que no nos afectará. No importa cuán fuertes seamos, la cercanía a la tentación es muy peligrosa. Es como acercarse a un abismo. Hay peligro de caer. La única solución es huir, escapar.

En la prueba de fuego, las tentaciones antiguas vendrán a atraernos, pero si huimos, no tendrán poder. El diablo vendrá a tratar de convencernos de que Dios no es fiel, que nuestra fe no es firme, eso se debe resistir con las armas de nuestra milicia, la Palabra de Dios.

EL CAMPO DEL ALFARERO

«Y arrojando las piezas de plata en el templo, salió, y fue y se ahorcó. Los principales sacerdotes, tomando las piezas de plata, dijeron: No es lícito echarlas en el tesoro de las ofrendas, porque es precio de sangre. Y después de consultar, compraron con ellas el campo del alfarero, para sepultura de los extranjeros. Por lo cual aquel campo se llama hasta el día de hoy: Campo de sangre. Así se cumplió lo dicho por el profeta Jeremías, cuando dijo: Y tomaron las treinta piezas de plata, precio del apreciado, según precio puesto por los hijos de Israel; y las dieron para el campo del alfarero, como me ordenó el Señor» (Mateo 27:5-10).

En Jerusalén había un lugar llamado «el campo del alfarero», que fue comprado con el dinero que se le entregó a Judas por su traición. También se llamaba «Acéldama», que significa «Campo de sangre».

Allí, al campo del alfarero, todos los alfareros de Jerusalén llevaban los vasos de ira que no soportaron el paso por el fuego, que no pudieron ser reparados, y desde el muro de Jerusalén los arrojaban al suelo.

El campo del alfarero estaba lleno de vasijas rotas en mil pedazos. Era el basurero de las vasijas que no servían porque no habían podido ser reparadas. Aquel vaso que el alfarero ya estaba cansado de reparar, estaba vencido, y lo tiraban en el campo.

En ese mismo campo Judas se suicidó, y la Palabra lo relata de la siguiente manera:

«Era necesario que se cumpliese la Escritura en que el Espíritu Santo habló antes por boca de David acerca de Judas, que fue guía de los que prendieron a Jesús, y era contado con nosotros, y tenía parte en este ministerio. Este, pues, con el salario de su iniquidad

adquirió un campo, y cayendo de cabeza, se reventó por la mitad, y todas sus entrañas se derramaron. Y fue notorio a todos los habitantes de Jerusalén, de tal manera que aquel campo se llama en su propia lengua, Acéldama, que quiere decir, Campo de sangre»
(Hechos 1:16-19).

Judas era un vaso de ira. Jesús intentó repararlo pero él no lo permitió. Pedro cuenta que al suicidarse Judas se partió en dos, como el vaso de ira cuando se tira al campo del alfarero y se quiebra en pedazos.

Cuántas veces Jesús perdonó a Judas y trató de ministrarlo en esa área. Él era el tesorero, el que guardaba el dinero. La debilidad de este hombre era el dinero, y en ese mismo pecado cayó porque vendió a Jesús por treinta piezas de plata. Finalmente terminó como vaso de ira en el campo del alfarero.

Los leprosos caminaban por el campo del alfarero. Allí encontraban pedazos de vasijas rotas para rascarse las heridas que le ardían. Para lo único que servían esas vasijas era para rascar las heridas de los leprosos.

Siempre me pregunté por qué Dios desecha algunos vasos que él ha restaurado. La respuesta es simple. Estos vasos no son rechazados porque Dios está airado con ellos, porque él es un Dios de misericordia.

Pero Dios no permitirá vasos de ira en su casa por amor a los demás vasos. Los vasos de ira son de mal testimonio, ocupan el lugar de otros vasos que pueden ser útiles en la casa del Señor.

Veamos los siguientes puntos acerca del pecado de Judas:

Su pecado fue notorio. Judas dejó un mal testimonio frente a la causa del evangelio. Aunque Dios es misericordioso, no soportará que un vaso de ira traiga vergüenza a su obra.

Judas tenía una porción en el ministerio de Jesús, y la perdió. Por eso, los discípulos rápidamente eligieron a otro discípulo para que recibiera la porción que Judas abandonó. Dios tiene bendiciones para derramar a través de todos sus vasos. Cuando un vaso de ira no es usado, el llamado y la bendición que le pertenecían es dada a otro vaso.

Para finalizar este capítulo lo único que podemos decir es: *«Señor, ten misericordia de mí. No quisiera ser un vaso de ira en tus manos. Quiero ser un vaso útil»*.

CAPÍTULO 8

EN EL HORNO
DEL ALFARERO

«No temas, porque yo te redimí; te puse nombre, mío eres tú. Cuando pases por las aguas, yo estaré contigo; y si por los ríos, no te anegarán. Cuando pases por el fuego, no te quemarás, ni la llama arderá en ti»
Isaías 43:1-2

Por amor y temor a Dios, tres muchachos hebreos dijeron: «Pueden llevarnos al horno de fuego, pero a ese ídolo no adoraremos».

«He aquí nuestro Dios a quien servimos puede librarnos del horno de fuego ardiendo; y de tu mano, oh rey, nos librará. Y si no, sepas, oh rey, que no serviremos a tus dioses, ni tampoco adoraremos la estatua que has levantado»
(Daniel 3:17-18).

Estos jóvenes prefirieron morir quemados en el horno antes de servir a una estatua. Eso es fe y convicción. Cuando se acercaron los que estaban preparando el fuego, aun sin haberse metido, murieron quemados. Sin embargo, a estos tres que arrojaron al horno, nada les ocurrió.

El rey se espantó al ver que dentro del horno no eran tres sino cuatro. Esto quiere decir que en el medio del fuego, en el medio del desierto, el Señor va con nosotros. No caminamos solos, la promesa del Señor dice: «Aunque andes por el fuego no te quemarás porque yo estoy contigo».

¿Sabe usted adónde Dios llama a sus campeones, a sus generales? No me refiero a un simple soldado, no hablo de vasos de honra sino de vasos escogidos: en el horno de aflicción.

Isaías dijo:

«He aquí te he purificado, y no como a plata;
te he escogido en horno de aflicción»
(Isaías 48:10).

Si quieres caminar sobre las aguas, tienes que salir de la barca

Cristo caminó sobre las aguas con éxito, si quieres hacerlo solo hay un requisito: *Si quieres caminar sobre las aguas, tienes que salir de la barca.* Hoy Jesús te extiende una invitación a enfrentar tus temores, descubrir el llamado de Dios para tu vida y experimentar su poder.

0-8297-3536-4

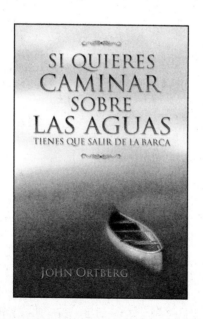

Nos agradaría recibir noticias suyas.
Por favor, envíe sus comentarios sobre este libro
a la dirección que aparece a continuación.
Muchas gracias.

Editorial Vida
Vida@zondervan.com
www.editorialvida.com